Sprachreiseführer Georgisch

Lia Abuladze, Andreas Ludden

Sprachreiseführer Georgisch

BUSKE

Dr. Lia Abuladze war viele Jahre lang Mitarbeiterin am Institut für Sprachwissenschaft der Georgischen Akademie der Wissenschaften in ihrer Heimatstadt Tbilissi. Seit 1999 lebt sie in Deutschland und ist am Institut für Sprachwissenschaft der Westfälischen Wilhelms-Universität in Münster als Lehrbeauftragte für Georgisch tätig.

Andreas Ludden M.A. hat sich nach dem Studium der Slavistik, Baltistik, Indogermanistik und Finno-Ugristik in Münster und Helsinki eingehend mit einer Vielzahl weiterer Sprachen, u. a. auch dem Georgischen, beschäftigt. Er unterrichtete an verschiedenen Universitätsinstituten und ist heute am Institut für Byzantinistik und Neogräzistik der Westfälischen Wilhelms-Universität in Münster tätig.

Bibliografische Information der Deutschen Nationalbibliothek

Die Deutsche Nationalbibliothek verzeichnet diese Publikation in der Deutschen Nationalbibliografie; detaillierte bibliografische Daten sind im Internet über ‹https://portal.dnb.de› abrufbar.

ISBN 978-3-96769-034-7
ISBN eBook (PDF) 978-3-96769-065-1

 Umschlaggestaltung: QART Büro für Gestaltung, Hamburg. Satz: Manuela Gantner – Punkt, STRICH. Druck und Bindung: Drukarnia Dimograf, Bielsko-Biała. Printed in Poland.

Inhalt

Zum Buch

Der vorliegende Sprachreiseführer soll deutschsprachigen Reisenden in Georgien ein Mittel in die Hand geben, sich im Lande auf Georgisch verständigen zu können, auch ohne zuvor einen regulären Georgisch-Sprachkurs absolviert zu haben.

Zu diesem Zweck haben wir Autoren, eine georgische Muttersprachlerin und ein deutscher Muttersprachler, eine Vielzahl von Sätzen, Redewendungen und Wörterlisten zusammengestellt, von denen wir glauben, dass sie deutschsprachigen Touristen und Touristinnen sowie auch Geschäftsreisenden nützlich sein können. Alle georgischen Wörter und Sätze werden nicht nur in georgischer Schrift, sondern auch in einer auf dem Deutschen basierenden Umschrift dargeboten, sodass eine Erlernung der georgischen Schrift nicht zwingend erforderlich ist, um den Sprachreiseführer benutzen zu können. Außerdem enthält das Buch noch Wissenswertes über Land und Leute in Verbindung mit einigen touristischen Informationen. Letztere können aber nur ganz elementarer Art sein, sodass sich die Hinzuziehung eines Georgien-Reiseführers empfiehlt. Einige sind in den Literaturhinweisen am Ende des Buches genannt (S. 189–190).

Unser Sprachreiseführer verwendet eine lateinschriftliche Umschrift der georgischen Schrift, die sich an den Gepflogenheiten der deutschen Rechtschreibung orientiert (z. B. was den Lautwert von *ch*, *sch*, *tsch*, *tz* usw. betrifft). Es gibt für die georgische Schrift mehrere Arten der Wiedergabe in unserer, also der lateinischen Schrift, die sich jedoch deutlich voneinander unterscheiden. Die sprachwissenschaftliche Transkription arbeitet mit mehreren diakritischen Zeichen, was Uneingeweihte erfahrungsgemäß nur verwirrt und deshalb für dieses Buch nicht in Frage kommt; die englische Transkription, die man in Georgien oft z. B. auf Wegweisern und Straßenschildern, aber auch auf Landkarten sieht, basiert auf den englischen Lautwerten der Buchstaben; (dabei steht etwa *ch* für unser *tsch* und *kh* für unser *ch*, den sog. ach-Laut wie in *Bach*). Man lasse sich hiervon nicht verwirren, sondern beherzige das, was im Abschnitt „Die georgische Schrift und ihre Transkription (Umschrift)“ auf S. 24–25 steht, und präge sich bei jedem Buchstaben ein, was dort zum jeweiligen Lautwert gesagt wird. Nur wenn man sich an das hält, was dort zur Aussprache jedes einzelnen Lautes und Buchstabens ausgeführt ist, wird man in der Lage sein, die georgischen Wörter und Sätze in unserer Umschrift annähernd so fehlerfrei auszusprechen, dass ein Georgier keine Schwierigkeiten haben wird, den ausländischen Besucher zu verstehen. Am besten wäre es natürlich, sich vor der Georgien-Reise mit dem georgischen Alphabet vertraut zu machen; dessen 33 Buchstaben sind einfach zu erlernen und geben die Aussprache genau wieder. Und es ist unbestreitbar eine ästhetisch sehr ansprechende Schrift!

Nach den einführenden Abschnitten und den Erläuterungen zur Aussprache der einzelnen georgischen Buchstaben folgt, nach Sachgebieten geordnet, der eigentliche Sprachführer, beginnend mit dem Kapitel „Erste Wörter und Wendungen“ (S. 27 und folgende). Wir empfehlen, sich die dort gegebenen georgischen Sätze als Erstes einzuprägen; hat man sie erst einmal parat, dürfte das die Kommunikation mit Georgiern und Georgierinnen sehr erleichtern, abgesehen davon, dass es immer einen guten Eindruck macht, wenn man mit wichtigen Wörtern und Wendungen in der Landessprache aufwarten kann. Einige Winke, wie man Sympathie bei georgischen Gastgebern gewinnen kann, gibt auch das Kapitel „Wie verhält man sich bei Einheimischen?“ (S. 133–146).

Ansonsten suche man sich anhand des Inhaltsverzeichnisses (S. 5–7) einfach das Kapitel heraus, das man für die sprachliche Bewältigung der alltäglichen Kommunikation gerade benötigt.

Da die georgische Grammatik äußerst komplex und durchaus schwierig ist, findet man in diesem Sprachreiseführer keine Angaben zu grammatischen Themen, z. B. wie man den Plural oder die verschiedenen Kasusformen der Substantive bildet oder wie die Verben in der Gegenwartsform (Präsens) konjugiert werden. Wer sich eingehender mit der georgischen Sprache beschäftigen will, dem empfehlen wir unser „Lehrbuch der georgischen Sprache“, das ebenfalls im Helmut Buske Verlag erschienen ist. Ein Blick auf die Homepage des Verlages (www.buske.de) zeigt dann auch weitere Titel zur georgischen Sprache.

Am Ende dieser einleitenden Bemerkungen ist es uns Autoren eine angenehme Pflicht, all jenen zu danken, die uns beim Verfassen dieses Sprachreiseführers mancherlei Hilfe haben zuteilwerden lassen. In erster Linie denken wir dabei an die vielen Freunde und Bekannten in Georgien, aber auch an deutsche Georgienreisende, die uns ihre Fotos zur Verfügung gestellt haben, die wir dann als Illustrationen in unser Buch aufnehmen konnten. Wir hoffen, die im Buch enthaltenen Abbildungen machen die Nutzer und Nutzerinnen des Sprachreiseführers neugierig auf Land und Leute. Die Namen der vielen Beitragenden findet man im Nachweis der Abbildungen auf S. 191. Ihnen allen ganz herzlichen Dank! Nicht zuletzt gebührt Dank auch dem Leiter und den Mitarbeiterinnen des Helmut Buske Verlages, der sofort bereit war, die bereits zahlreichen Georgisch-Titel des Verlages um diesen Band zu erweitern. Die Zusammenarbeit mit dem Lektorat des Verlages verlief wie immer auf reibungslose und konstruktive Weise.

Erfahrungen und eventuelle Verbesserungsvorschläge von Nutzern und Nutzerinnen dieses Sprachreiseführers sind uns Autoren stets willkommen. Der Verlag leitet diesbezügliche Mails und Briefe gern an uns weiter.

Münster,
im Februar 2021 — Lia Abuladze und Andreas Ludden

Das Land

Geografie und Klima

Georgien (auf Georgisch საქართველო, Ssakartwelo) ist im Kaukasus gelegen und umfasst ca. 70.000 km^2. Fast die Hälfte des Territoriums ist von Bergen bedeckt. Der Große Kaukasus ist ein etwa 1.100 Kilometer langes Hochgebirge zwischen Schwarzem und Kaspischem Meer; der zentrale Teil dieses Gebirges begrenzt Georgien im Norden und bildet eine natürliche Grenze zu Russland. Im Süden bildet der Kleine Kaukasus die Grenze zwischen Südgeorgien und Armenien und Aserbaidschan.

Georgien ist ein kleines Land, kleiner als Österreich, aber trotz engstem Raum reich an immensen Landschaften: Berge, Hochplateaus, Täler, Steppe, Flüsse und Seen. Die zentralen Ketten des Großen Kaukasus sind mit Gletschern und ewigem Eis bedeckt. Die höchsten Berge sind der Schchara (5.068 m) in Swanetien (georg. Sswaneti in Westgeorgien) und der Kasbek (georg. Mqinwartz'weri, *wörtl. Eisberggipfel,* 5.047 m) in Ostgeorgien.

Das Surami-Gebirge des Kleinen Kaukasus teilt Georgien in einen westlichen und einen östlichen Landesteil. Das Klima in Westgeorgien ist subtropisch, in Ost- und Südgeorgien hingegen kontinental. Die wärmsten Monate sind Juli und August (mit Durchschnittstemperaturen zwischen 23 und 26 Grad), aber in einigen Gegenden kann die Temperatur bis zu 40 Grad und höher steigen. Andererseits gibt es auch Gegenden mit ewigem Schnee sogar im Sommer, wie etwa in den Bergen von Swanetien. Die kältesten Monate sind Dezember und Januar (im Durchschnitt zwischen –2 und +3 Grad), aber in den Gebirgen ist es bedeutend kälter und der Winter dauert länger. So dauert in Gudauri und Bakuriani die Wintersportsaison vier Monate lang, und zwar von Dezember bis April.

Dorf in der Provinz Swanetien

Geschichte und Kultur

Georgien ist eine der ältesten Siedlungsregionen der Menschheit.

In der Antike hieß der westliche Teil Georgiens Kolchis, der östliche Iberien. Das Königreich Kolchis ist in der Argonauten-Sage beschrieben. Darin wird erzählt, wie der Königssohn Jason, begleitet von mehreren Helden des griechischen Altertums, mit seinem Schiff Argo (daher: Argonauten) von Griechenland aus an der südlichen Küste des Schwarzen Meeres nach Kolchis segelte, wo er Medea, der Tochter des kolchischen Königs Aietes begegnete. Medea verliebte sich in Jason und half ihm, sich des Goldenen Vlieses zu bemächtigen, um dessentwillen Jason nach Kolchis gekommen war.

Die georgische Chronik „Das Leben Kartlis" berichtet u. a., dass im 3. Jh. v. Chr. König Parnawas Ostgeorgien und Westgeorgien zu einem Reich vereinte. Er machte auch das Georgische zur Staatssprache und gilt als Erfinder der georgischen Schrift.

Im 4. Jahrhundert (337) bekehrte sich Georgien unter König Mirian zum Christentum und wurde damit einer der ersten christlichen Staaten der Welt.

Unter König David IV. dem „Erbauer", (1089–1125) und besonders unter Königin Tamar (1184–1213) erreichte Georgien seine Blütezeit (das sog. „Goldene Zeitalter"). Während Tamars Regierungszeit entstand das berühmte Versepos von Rustaweli[1] (Rustweli) „Der Mann im Tigerfell".[2]

Rustaweli-Theater

1 Den Namen Rustaweli hört man in Georgien sehr oft. Der Flughafen Tiflis (georg. Tbilissi; in diesem Sprachreiseführer wird die georgische Bezeichnung verwendet) trägt diesen Namen genauso wie die zentrale Straße der Hauptstadt Georgiens. Es gibt auch ein Rustaweli-Theater und mehrere weitere Institutionen dieses Namens.

2 Es gibt sechs verschiedene deutsche Übersetzungen, sowohl in Vers-, als auch in Prosaform, außerdem eine Nacherzählung von Tilman Spreckelsen.

Nach dem Ende des „Goldenen Zeitalters" musste Georgien mehrere Invasionen (Perser, Mongolen, Tataren) über sich ergehen lassen. Im 18. Jh. versuchten drei Großreiche, Georgien unter ihren Einfluss zu bringen: Russland, der Iran und das Osmanische Reich. Dem georgischen König Erekle wurde klar, dass er sich auf die Seite eines dieser drei Reiche stellen musste, und er wählte Russland, das den gleichen, nämlich den christlich-orthodoxen Glauben hatte.

Im Jahre 1783 schloss Russland einen Vertrag mit Kartlien und Kachetien (georg. Kartl-Kacheti in Ostgeorgien). Gemäß diesem Vertrag stellte sich Ostgeorgien unter den Schutz Russlands. Die Macht des Königs sollte unangetastet bleiben, doch sollte Georgien nicht mehr das Recht haben, ohne Zustimmung des russischen Zaren mit anderen Ländern Verträge abzuschließen. Außerdem nahm König Erekle die Verpflichtung auf sich, dem Zaren notfalls Hilfe zu leisten. In den inneren Angelegenheiten des Landes bewahrte Georgien die volle Souveränität. Russland aber würde im Kriegsfall Georgien militärische Hilfe leisten. Auf diese Weise erlangte Georgien laut dem Vertrag einen starken Verbündeten gleichen Glaubens.

Aber Russland hielt sich nicht an die Vertragsbestimmungen und verteidigte Georgien nicht gegen die moslemischen Eindringlinge, deren Angriffe nach dem Vertragsabschluss zwischen Russland und Georgien immer mehr zunahmen.

Das durch endlose Kämpfe erschöpfte Land befand sich nach dem Tod Erekles II. im Jahre 1798 in einer noch schwierigeren Lage. Im Jahre 1800 übertrug der letzte König Georgiens, Giorgi XII., Russland die Regelung sowohl der äußeren wie auch der inneren Angelegenheiten des Landes unter der Bedingung, dass in Georgien die Macht des Königs erhalten bliebe. Aber nach dem Tod König Giorgis im Dezember 1800 proklamierte der russische Zar Alexander I. am 12. September 1801 die Vereinigung Georgiens mit Russland.

So verlor Georgien die Unabhängigkeit und wurde ein russisches Gouvernement.

Russland gab sich mit der Abschaffung der Königsherrschaft in Georgien jedoch nicht zufrieden. Im Jahre 1811 beseitigte es auch die Unabhängigkeit der georgischen Kirche.

In Georgien führte die russische Regierung eine ganze Reihe von Maßnahmen durch. Selbst der Begriff *„Georgien"* wurde durch die Bezeichnung *„Gouvernement Tiflis"* und *„Gouvernement Kutaissi"* ersetzt. Die georgische Sprache wurde in den Schulen verboten; der gesamte Unterricht erfolgte nur auf Russisch. Das endgültige Ziel der russischen Regierung war die Russifizierung des georgischen Volkes. Gegen diese Maßnahmen trat in den 1860er Jahren eine nationale Befreiungsbewegung auf, an deren Spitze Ilia Tschawtschawadse und Akaki Tsereteli standen. Mit besonderer Hingabe setzten sie sich für den Erhalt der Muttersprache ein. Bei der Verteidigung der georgischen Sprache spielte die „Gesellschaft zur Verbreitung des Lesens und Schreibens unter den Georgiern" eine wichtige Rolle.

Gegen Ende des 19. Jahrhunderts breiteten sich in Georgien wie auch in Russland marxistische Ideen aus. Sozialdemokraten und Anarchisten betraten die Arena. Im Jahre 1907 wurde die nationale Identitätsfigur Ilia Tschawtschawadse von Revolutionären getötet.

Nach der Machtergreifung der Bolschewiken im Jahre 1917 brach die Verbindung zwischen Transkaukasien (Südkaukasien) und Russland ab. Am 26. Mai 1918 erklärte Georgien die Unabhängigkeit.

Doch Georgien konnte nicht einmal drei Jahre lang als unabhängiger Staat existieren. Am 25. Februar 1921 eroberte das 11. Corps der Roten Armee Tbilissi. Wieder verlor Georgien seine Unabhängigkeit, wurde Teil der Sowjetunion und blieb es bis zum Jahre 1991. Am 9. April 1991 erklärte Georgien als eine der ersten Sowjetrepubliken die Unabhängigkeit.

Seit diesem Zeitpunkt änderte sich viel im Leben Georgiens. Die Zeit der Begeisterung und des Jubels über die wiedererlangte Freiheit wurde durch viele Enttäuschungen abgelöst. In den Jahren nach der Erlangung der Unabhängigkeit herrschten politische Wirren, Korruption und wirtschaftliche Stagnation, besonders während der Zeit unter Schewardnadse. Nach der Rosenrevolution (November 2003) erwachte neue Hoffnung. Unter Micheil Saakaschwili kam es zu einer Demokratisierung mit radikalen Reformen, und Georgien wurde zu einem demokratischen Staat. Dann kam es zum Krieg mit Russland (August 2008), und so dauert es bis heute an: Enttäuschungen und Hoffnungen wechseln einander ab.

Noch heute stehen die Georgier vor einer schwierigen Aufgabe: ihr Land in einen modernen Staat umzugestalten. Das Land hat es wegen seiner durch viele Leiden gezeichneten Geschichte und seiner eigenständigen Kultur verdient.

Literatur

„Die georgische Literatur zählt zu den größten, reichsten und am besten entwickelten Literaturen der Welt", schreibt der deutsche Kartwelologe Heinz Fähnrich, der selbst viele literarische Werke aus dem Georgischen übersetzt hat.

Das älteste uns erhalten gebliebene Literaturwerk in georgischer Sprache ist eine Novelle aus dem 5. Jahrhundert: „Das Martyrium der Heiligen Schuschanik" von Iakob Zurtaweli.

Die georgische Literatur ist nicht nur an eigenen Werken reich, sondern auch an Übersetzungen. Es gibt mehr als 30.000 georgische Handschriften, darunter Übersetzungen, deren griechische Originale bereits verloren gegangen sind.

Die Georgier sind leidenschaftliche Leser, jeder Haushalt ist im Besitz einer großen Anzahl Bücher, sowohl eigener Schriftsteller als auch einer beträchtlichen Auswahl internationaler Literatur. Jedes noch so kleine Dorf verfügt über eine Bibliothek.

„Jeder Bauer in Georgien hat Bücher, die er liest und liebt und auswendig kann. Die Georgier lieben Gedichte. Ich kann mich nicht erinnern, bei einem deutschen oder österreichischen Bauern prall gefüllte Bücherregale gesehen zu haben, mit Werken der Weltliteratur“, notiert der österreichische Schriftsteller Clemens Eich 1996.

Die bekanntesten Dichter und Schriftsteller sind Rustaweli (gegen 1200), Sulchan-Saba Orbeliani (1658–1725), Dawit Guramischwili (1705–1792), Nikolos Barataschwili (1817–1844), Ilja Tschawtschawadse (1837–1907), Akaki Tsereteli (1840–1915) und Wascha-Pschawela (1861–1915). Sie zählen noch heute zu den beliebtesten Autoren, aus deren Werken jeder Georgier auswendig rezitieren kann.

Zu Beginn des 20. Jahrhunderts fand ein reger Austausch zwischen Georgien und Westeuropa statt. Viele Georgier wie die Schriftsteller Grigol Robakidse (1882–1962) oder Konstantin Gamsachurdia (1893–1975) studierten in Deutschland, Österreich und der Schweiz und kamen dort in Kontakt mit deutschen Schriftstellern. Heute ist das Spektrum der georgischen Literatur außerordentlich breit. Und die deutschen Übersetzungen, die im Jahre 2018 erschienen, als Georgien das Gastland der Frankfurter Buchmesse war, bezeugen das hohe Niveau der georgischen Literatur.

Die Sprachen im Kaukasus im Allgemeinen und die georgische Sprache im Besonderen

Was heute als „Kaukasus“ bezeichnet wird, umfasst die Territorien von vier Staaten: Der Nordkaukasus gehört zu Russland und ist gegliedert in mehrere sogenannte „Autonome Republiken“ innerhalb der Russischen Föderation. Südlich davon liegen drei unabhängige Staaten, und zwar Georgien im Westen (an das Schwarze Meer angrenzend); Aserbaidschan im Osten (an das Kaspische Meer angrenzend) sowie südlich von Georgien bzw. westlich von Aserbaidschan noch Armenien als kleinster der drei Staaten. In diesem Gebiet werden ca. 50 Sprachen gesprochen. Dabei ist zu unterscheiden zwischen den autochthonen kaukasischen Sprachen (= kaukasische Sprachen im eigentlichen Sinn) und denen, die anderen Sprachfamilien angehören.

Die Kaukasus-Region aus politischer Sicht

Zu den nichtkaukasischen Sprachen des Kaukasus gehören zunächst drei indoeuropäische Sprachen, und zwar: Das Russische, das seit der Eingliederung des Kaukasusgebietes in das Zarenreich gegen Anfang des 19. Jahrhunderts durch russische Einwanderer und durch die Stellung des Russischen als offizielle Sprache des Zarenreiches eine dominierende Stellung in Handel und Verwaltung erlangte. Sodann das zur iranischen

Sprachfamilie gehörende Ossetische in der russischen Teilrepublik Nordossetien und in dem zu Georgien gehörenden autonomen Gebiet, welches zurzeit von Russland besetzt ist. Und schließlich das Armenische, das nicht nur in Armenien selbst, sondern auch in Teilen Georgiens und Aserbaidschans gesprochen wird.

Die Völker und Sprachen im Kaukasus

Weitere nicht-kaukasische Sprachen, die im Kaukasus gesprochen werden, sind verschiedene Turksprachen, vor allem das Aserbaidschanische, das dem Türkischen sehr ähnlich ist, sowie einige weitere Turksprachen im russischen Nordkaukasus, wie z. B. Nogaisch, Balkarisch und Kumykisch.

Die kaukasischen Sprachen im eigentlichen Sinn teilen die Sprachwissenschaftler in drei Gruppen ein, und zwar:

(1) das Nordwestkaukasische (abchasisch-adygische Gruppe),
(2) das Nordostkaukasische (nachisch-daghestanische Gruppe), und
(3) das Südkaukasische (kartwelische Gruppe).

Ob und wie diese drei Gruppen miteinander verwandt sind, ist unter den Kaukasologen (den Linguisten, die sich mit den kaukasischen Sprachen beschäftigen) nach wie vor umstritten. Während die Sprachen der nordwestkaukasischen und der nordostkaukasischen Gruppe hauptsächlich in den autonomen Republiken innerhalb der Russischen Föderation gesprochen werden (Ausnahme: das Abchasische in Abchasien, einer autonomen Republik innerhalb Georgiens, die zurzeit jedoch von Russland okkupiert ist), sind die kartwelischen (südkaukasischen) Sprachen fast ausschließlich in Georgien verbreitet.

Das Georgische ist die wichtigste und mit ca. vier Millionen Muttersprachlern die meistgesprochene Sprache der südkaukasischen Gruppe. Die georgische Sprache verfügt über eine reiche literarische Überlieferung und ist etwa seit dem 5. Jahrhundert schriftlich bezeugt. In Teilen Westgeorgiens spricht man zwei weitere kartwelische Sprachen: das Megrelische (etwa eine halbe Million Sprecher) und das Swanische (rund dreißigtausend Sprecher). Jedoch benutzen die Megrelier und Swanen ebenfalls das Georgische als ihre Schriftsprache. Eine weitere kartwelische Sprache ist das Lasische, das in der an Georgien angrenzenden Schwarzmeer-Küstenregion der Türkei verbreitet ist (etwa dreißigtausend Sprecher).

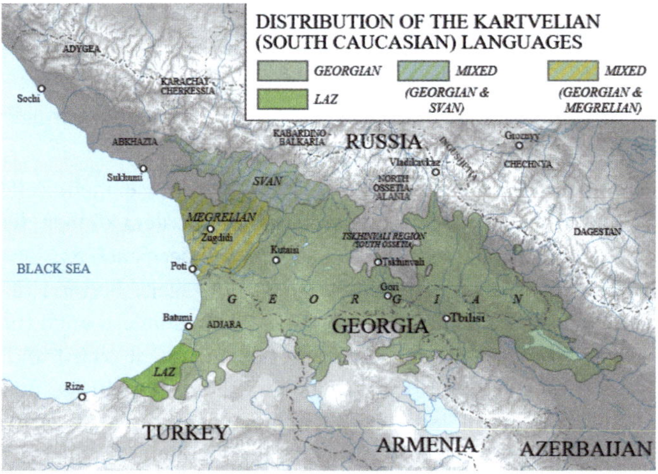

Verbreitungsgebiet der südkaukasischen (= kartwelischen) Sprachen

Kurze Charakteristik der georgischen Sprache

Das Georgische ist als nicht-indoeuropäische Sprache mit dem Deutschen (und auch mit dem Russischen) nicht verwandt und unterscheidet sich in Wortschatz und Grammatik stark von den in Europa gesprochenen Sprachen. Hier einige Punkte, die einem deutschen Muttersprachler, der Georgisch lernen will, Probleme bereiten können:

(1) Im Lautsystem, das nur wenige Vokale kennt, kommen mehrere Konsonanten vor, die im Deutschen fehlen. Charakteristisch sind außerdem gewisse Konsonantenhäufungen u. a. am Wortanfang, die für Deutsche schwierig auszusprechen sind.

(2) Beim Nomen und Pronomen gibt es kein grammatisches Geschlecht. Auch ein Artikel fehlt. In dieser Hinsicht ist das Georgische leichter als etwa das Deutsche. Die Deklination

hingegen ist formenreicher: Es gibt sieben Kasus (Nominativ, Vokativ, Ergativ, Genitiv, Dativ, Instrumental und Adverbial), die alle durch bestimmte Endungen ausgedrückt werden. Im Großen und Ganzen ist die Deklination ziemlich regelmäßig, Ausnahmen sind selten.

(3) Umso komplizierter ist das Verb. Es gibt sehr viel mehr Zeit- und Modusformen als im Deutschen. Außerdem können die finiten Formen nicht nur das Subjekt, sondern auch das Objekt ausdrücken, d. h. es gibt nicht nur eigene Formen für „ich sehe, du siehst, er/sie/es sieht" usw., sondern auch für „ich sehe dich, ich sehe euch, du siehst mich, du siehst uns" usw., was dazu führt, dass das Verb sehr viel mehr Formen aufweist als in jeder europäischen Sprache üblich. Dazu kommt, dass sehr viele Verben Unregelmäßigkeiten aller Art aufweisen. Dieses in Verbindung mit der großen Formenvielfalt macht das Verb zu einer besonderen Herausforderung bei der Erlernung der Sprache.

(4) Der Wortschatz weist keinerlei Ähnlichkeiten mit den häufig gelernten Fremdsprachen auf. Jedoch gibt es zum Glück auch sogenannte Internationalismen, also Fremdwörter, die in vielen Sprachen verbreitet sind, so wie z. B. „Telefon, Information, interessieren" und ähnliche, jedoch mit den georgischen grammatischen Endungen versehen, wie z. B. mit der Nominativendung *i* in *t'eleponi* „Telefon" und *st'udent'i* „Student". Allerdings verwendet das Georgische oft auch Wörter eigener Herkunft für Begriffe, die in vielen Sprachen durch Fremdwörter ausgedrückt werden, so z. B. bei „Hotel", „Adresse" und anderen.

Wer an einer tiefergehenden Beschäftigung mit dem Georgischen interessiert ist, dem sei das von den Autoren dieses Sprachreiseführers verfasste „Lehrbuch der georgischen Sprache" empfohlen, das ebenfalls im Helmut Buske Verlag erschienen ist.

Die georgische Schrift und ihre Transkription (Umschrift)

Die georgische Schrift, die keinen Unterschied zwischen Klein- und Großbuchstaben kennt, hat heute 33 Buchstaben, jeweils einen für die 33 Laute (Phoneme) der georgischen Sprache. Sie geben die Lautung des Wortes exakt wieder, d. h.: Wer die Schrift kennt, kann jedes geschriebene georgische Wort richtig aussprechen und auch jedes gehörte georgische Wort in korrekter Orthografie niederschreiben.

Die heutige georgische Schrift nennt man მხედრული mchedruli, d. h. „Reiterschrift". Sie ist etwa seit dem 11. Jahrhundert in Gebrauch. Davor gab es zwei andere Schriften: die ასომთავრული aßomtawruli- und die ნუსხური nußchuri-Schrift. Erstere war etwa vom 5. bis zum 9. Jahrhundert in Gebrauch, letztere vom 9. bis zum 11. Jahrhundert. Noch heute findet nußchuri teilweise in den liturgischen Büchern der georgisch-orthodoxen Kirche Verwendung, im Alltagsleben aber kommt nur die mchedruli vor.

Wenn man das Georgische in lateinischer Schrift schreiben will, so wie wir es in diesem Buch tun, steht man vor einem Problem: Es gibt im Georgischen Laute, die im Deutschen fehlen und die sich mit den Mitteln der deutschen Rechtschreibung nur schwer bezeichnen lassen. Außerdem ist in Georgien eine lateinschriftliche Transkription in amtlichem Gebrauch, die sich an den orthografischen Gewohnheiten des Englischen orientiert (z. B. auf Straßenkarten, Hinweisschildern usw.). Dafür zwei Beispiele: Der Laut *tsch* (wie in „Kutsche") für den es in der georgischen Schrift einen eigenen Buchstaben gibt, wird in der erwähnten amtlichen Umschrift durch *ch* wiedergegeben, da *ch* im Englischen den *tsch*-Laut bezeichnet (etwa wie in „church" oder „chess"). Für den deutschen *ch*-Laut (wie in „Buch", „Sache", nicht wie in „ich") gibt es im Georgischen ebenfalls einen eigenen Buchstaben, und dieser wird in der amtlichen Umschrift durch *kh* wiedergegeben, das man also nicht wie *k* aussprechen darf. Wenn auf einem Straßenschild etwa der Städtename ახალციხე als *Akhaltsikhe* auftaucht, ist er wie Achaltziche auszusprechen, und so transkribieren wir ihn auch in unserem Sprachreiseführer.

Außerdem gibt es noch die sprachwissenschaftliche Transkription des Georgischen, die mit sog. „diakritischen Zeichen" arbeitet (z. B. *č*, *ġ*, *ž* und anderen), was aber Laien nur verwirren dürfte. Deshalb benutzen wir hier eine an die deutsche Orthografie angelehnte Umschrift, im Weiteren „deutsche Umschrift" genannt und in blauer Farbe gedruckt.

Die folgende Tabelle enthält

in Spalte 1: den georgischen Buchstaben,
in Spalte 2: den entsprechenden lateinischen Buchstaben nach der amtlichen (angelsächsischen) Umschrift,
in Spalte 3: den entsprechenden lateinischen Buchstaben in deutscher Umschrift,
in Spalte 4: Anmerkungen zur Aussprache

1	2	3	4
ა	a	a	kurzes bis mittellanges *a*, etwa zwischen dem *a* in „Stall" und in „Stahl"
ბ	b	b	stimmhaftes *b* wie in „Rebe"
გ	g	g	stimmhaftes *g* wie in „Sage"
დ	d	d	stimmhaftes *d* wie in „Rede"
ე	e	e	kurzes bis mittellanges *e* oder *ä*, wie in „Fest", „Bäcker"; keinesfalls als kurzes unbetontes *e* zu sprechen wie das erste und letzte *e* in „geredet", denn so ein eher gemurmeltes *e* ist dem Georgischen fremd
ვ	v	w	stimmhaftes *w* wie in „Weg"
ზ	z	s	stimmhaftes *s* wie in „lesen", „Süden"
თ	t	t	stimmloses behauchtes *t* wie in „Tüte"

ი	i	i	kurzes bis mittellanges *i*, wie in „Sieb“, aber kürzer
კ	k, k’	k’	stimmloses, unbehauchtes *k*, wie im französischen „coq“ *
ლ	l	l	wie *l* in „alles“, „Leib“
მ	m	m	wie *m* in „Mann“, „Sommer“
ნ	n	n	wie *n* in „nun“, „wohnen“
ო	o	o	kurzes bis mittellanges *o*, zwischen dem *o* in „offen“ und dem in „Ofen“
პ	p, p’	p’	stimmloses, unbehauchtes *p*, wie im französischen „peuple“ *
ჟ	zh	~~sch~~	stimmhaftes *sch*, wie das zweite *g* in „Garage“ oder wie *j* im französischen Vornamen „Jean“
რ	r	r	mit der Zungenspitze artikuliertes *r*, wie im Bairischen; kein (!) gutturales Zäpfchen-*r*, denn das missverstehen die Georgier als ~~gh~~
ს	s	ß, ss	stimmloses ß oder *ss* wie in „draußen“, „Wasser“
ტ	t, t’	t’	stimmloses, unbehauchtes *t*, wie im französischen „tête“ *
უ	u	u	kurzes bis mittellanges *u*, zwischen „Sucht“ und „sucht“
ფ	p	p, f	stimmloses behauchtes *p* wie in „Papier“, in Fremdwörtern oft auch wie *f*
ქ	k	k	stimmloses behauchtes *k* wie in „Kind“, „kahl“
ღ	gh	~~gh~~	stimmhafte Entsprechung zum *ach*-Laut in Bach, wie das *g* in intervokalischer Position in einigen niederdeutschen Mundarten („sagen“), klingt fast wie das gutturale Zäpfchen-*r*
ყ	q, q’	q	tief hinten im Rachen artikuliertes *k*, oft mit ch-Nachhall, ähnlich wie das *k* in schweizerdeutscher Aussprache von „Kuchen“
შ	sh	sch	stimmloses *sch* wie in „Schule“, „waschen“

ჩ	ch	tsch	wie *tsch* in „Kutsche“, „Tscheche“
ც	ts	tz, z	wie *tz* bzw. *z* in „Katze“, „Zunge“
ძ	dz	ds	stimmhafte Entsprechung zu *tz*, etwa wie in Englisch „hands“
წ	ts, ts’	tz’	etwa wie *tz* in „Katze“, aber unbehaucht *
ჭ	ch, ch’’	tsch’	etwa wie *tsch* in „Kutsche“, aber unbehaucht *
ხ	kh	ch	wie *ch* in „Bach“, „Buch“, „Woche“, nie (!) wie *ch* in „Licht“, „sicher“
ჯ	j	dsch	stimmhafte Entsprechung zu *tsch*, wie das *j* im englischen Wort „job“ oder das *g* im englischen Namen „George“
ჰ	h	h	wie *h* in „Haus“

* *Anmerkung:* Die stimmlosen unbehauchten Konsonanten, nach denen in der Umschrift ein Apostroph steht (k’, p’, t’, tz’, tsch’) sind von denen ohne Apostroph (k, p, t, tz, tsch) deutlich zu unterscheiden. Bei langsamer und sorgfältiger Aussprache folgt diesen Konsonanten ein kurzer Kehlkopfverschluss (der Knacklaut, der im Deutschen zwischen dem *m* von „am“ und dem *a* von „Abend“ in der Wortverbindung „am Abend“ ganz automatisch artikuliert wird). Dieser Knacklaut ist durch den Apostroph angedeutet. Die entsprechenden Laute ohne Apostroph hingegen sind behaucht („aspiriert“) wie im Deutschen.

Wenn die Vokale e und i hintereinander vorkommen, z. B. in შეიძლება sche-idsleba, setzen wir zwischen *e* und *i* einen Bindestrich, damit es nicht fälschlicherweise als *ai* ausgesprochen wird, so wie z. B. im deutschen „sein“.

Zur Betonung: Die georgische Betonung ist sehr schwach und liegt in der Regel auf der ersten Silbe des Wortes. In Fragesätzen wird die letzte Silbe des Satzes stärker betont.

In der Umschrift verwenden wir manchmal ein Betonungszeichen zur Verdeutlichung z. B.: bódischi, bát’ono.

Erste Wörter und Wendungen[3]

Anrede, Begrüßung und Abschied

Eine Person, die man siezt, redet man mit ბატონო bát'ono „Herr" bzw. ქალბატონო kalbat'ono „Frau" und dem Vornamen an, z. B. დიდი მადლობა, ბატონო გიორგი! didi mádloba, bat'ono giorgi! „Vielen Dank, Herr Giorgi!" oder ბოდიში, ქალბატონო ნინო! bódischi, kalbat'ono nino! „Entschuldigung, Frau Nino!"
Beim Duzen werden natürlich nur die Vornamen benutzt, ohne „Herr" (bát'ono) und „Frau" (kalbat'ono).

Guten Morgen! / Guten Tag! / Guten Abend! – გამარჯობა! – gámardschoba!,
oder auch: Grüß dich! / Hallo! – სალამი! ßálami!
Morgens sagt man auch: დილა მშვიდობისა! – dila mschwidobißa! (*wörtl.:* friedlichen Morgen / Morgen des Friedens)

Wenn man angerufen wird und sich am Telefon meldet, sagt man in der Regel nicht seinen Namen, sondern
hallo – ალლო – allo,
oder: ich höre (Sie) – გისმენთ – gißment,
oder: ja – დიახ – diach

Auf Wiedersehen! – ნახვამდის! – nachwamdiß!,
oder: მშვიდობით – mschwidobit (*wörtl.:* mit Frieden – *sagt man in der Regel, wenn man sich für lange Zeit oder für immer verabschiedet*)

Alles Gute! – კარგად იყავი! – k'argad iqawi! *(beim Duzen)* / კარგად იყავით! – k'argad iqawit! *(beim Siezen)*

---

3 Sätze, die Sie von einem Georgier hören, sind mit einem *G* vor dem Satz gekennzeichnet. Sätze ohne diese Kennzeichnung spricht der ausländische Tourist.

Gute Fahrt! – კეთილი მგზავრობა! – k'etili mgsawroba!
Gute Nacht! – ღამე მშვიდობისა! – ghame mschwidobißa!
(*wörtl.*: Nacht des Friedens od. friedliche Nacht)

Anmerkung: Begrüßungs- und Abschiedsformeln im Georgischen zeigen, dass das Land in der Vergangenheit sehr viele Kriege erlebt hat. Deshalb lautet die Begrüßung გამარჯობა – gamardschoba. Dieses Wort ist von გამარჯვება – gamardschweba „Sieg" abgeleitet. Ursprünglich wünschten die Georgier einander beim Treffen den Sieg und beim Abschied den Frieden.

Erste wichtige Sätze und Wörter

Nach der Begrüßung fragt man normalerweise:
Wie geht es dir? / Wie geht's? – როგორ(ა) ხარ? – rogor(a) char?

Darauf antwortet man:
Danke, gut. – (გ)მადლობთ, კარგად. – madlobt (gmadlobt), k'argad.
oder: So einigermaßen. – არა მიშავს. – ara mischaws.,
oder: Es geht. – ისე რა. – iße ra.

Sprichst du Deutsch / Englisch / Georgisch?
ლაპარაკობ გერმანულად / ინგლისურად / ქართულად?
lap'arak'ob germanulad / inglißurad / kartulad?

Ja, ein wenig ... – კი, ცოტას ... – k'i, tzot'aß ...
Ich spreche nicht ... – მე არ ვლაპარაკობ ... – me ar wlap'arak'ob ...
Ich verstehe nicht. – არ მესმის. – ar meßmiß.

Wie heißt du? – რა გქვია? – ra gkwia?
Wie heißen Sie (heißt ihr)? – რა გქვიათ? – ra gkwiat?

oder
beim Duzen: შენი სახელი? – scheni ßacheli? *(wörtl.:* dein Name?)
beim Siezen: თქვენი სახელი? – tkweni ßacheli? (*wörtl.:* Ihr Name?)

Ich heiße Andreas. – მე მქვია ანდრეასი. – me mkwia Andreaßi.
oder: Mein Name ist Andreas. – ჩემი სახელია ანდრე-ასი. – tschemi ßachelia Andreaßi.

Die obigen Ausdrücke sind Fragen nach dem Vornamen. Die Georgier reden sich mit dem Vornamen an, auch beim Siezen (siehe weiter oben unter „Anrede, Begrüßung und Abschied").

Fragt man explizit nach dem Nachnamen, sagt man:
beim Duzen: რა გვარი ხარ? ra gwari char?
beim Siezen: რა გვარი ხართ? ra gwari chart?

Anmerkung: Die Eigennamen mit auslautenden Konsonanten haben die Nominativendung *-i*, (deshalb ist oben der Vorname „Andreas" mit „Andreaßi" wiedergegeben), aber wenn Vor- und Nachname unmittelbar aufeinanderfolgen, bleibt der Vorname ohne Endung und der Nachname bekommt die Endung *-i*, d. h. ein Andreas Schneider wird zu „Andreaß Schneideri".

▸ Woher kommst du / kommen Sie (= kommt ihr)?
საიდან ხარ? / საიდან ხართ?
ßaidan char? / ßaidan chart?

▸ Ich (Wir) komme(n) aus Deutschland / aus Österreich / aus der Schweiz.
მე (ჩვენ) გერმანიიდან / ავსტრიიდან / შვეიცარიიდან ვარ (ვართ).
me (tschwen) germaniidan / awßt'riidan / schwe-itzariidan war / wart.

▸ Wohin fährst / gehst du (fahren / gehen Sie)?
სად მიდიხარ (მიდიხართ)?
ßad midichar (midichart)?

▸ Ich (Wir) fahre(n) nach Tbilissi / nach Kutaissi.
მე (ჩვენ) თბილისში / ქუთაისში მივდივარ(თ).
me (tschwen) tbilißschi / kutaißschi miwdiwar(t).

▸ Ich (Wir) gehe(n) ins Kino.
მე (ჩვენ) კინოში მივდივარ(თ).
me (tschwen) k'inoschi miwdiwar(t).

▸ Bitte schreiben Sie mir Ihre Adresse auf!
თუ შეიძლება, დამიწერეთ თქვენი მისამართი!
tu sche-idsleba, damitz'eret tkweni mißamarti!

ja – დიახ – diach / ხო – cho / ჰო – ho / კი – k'i (in absteigender Höflichkeit; diach ist am höflichsten, k'i am wenigsten höflich)

ja, bitte – კი, ბატონო – k'i, bat'ono

Bei „bitte" kommt es darauf an, ob man jemanden um etwas bittet, z. B.
bitte – თუ შეიძლება – tu sche-idsleba

▸ *G:* Bitte geben Sie mir Ihren Pass!
თუ შეიძლება, მომეცით თქვენი პასპორტი!
tu sche-idsleba, mometzit tkweni p'aßp'ort'i!

oder ob man jemandes Bitte nachkommt, z. B. jemandem etwas gibt:

▸ Bitte sehr!
ინებეთ!
inebet!

Wenn man etwas nicht richtig gehört oder verstanden hat:

▸ Wie bitte?
beim Siezen: რა ბრძანეთ? – ra brdsanet? („Wie geruhten Sie zu sagen?")
beim Duzen: რა თქვი? – ra tkwi? („Was hast du gesagt?")

nein – არა – ara

nicht – არ – ar

nein, danke – არა, (გ)მადლობთ – ara, (g)madlobt

danke – (გ)მადლობთ – (g)madlobt

vielen Dank – დიდი მადლობა – didi mádloba

Nichts zu danken! – არაფერს! – araperß!

Entschuldigung! – ბოდიში! – bódischi!

Verzeihung! – უკაცრავად! – uk'atzrawad!

Es macht nichts! – არა უშავს! – ara uschawß!

Richtig. Stimmt! – სწორია! – ßtz'oria! / დიახ, მართალია! – diach, martalia!

In Ordnung. – ყველაფერი წესრიგშია. – qwelaperi tz'eßrigschia.

Wo ist ...? / Wo gibt es ...? – სად არის ...? – ßad ariß ...?

hier – აქ – ak

da, dort – იქ – ik

Wo ist die Toilette? – სად არის ტუალეტი? – ßad ariß t'ualet'i?

Da, hier (links, rechts, hinter Ihnen)
აი აქ (მარცხნივ, მარჯვნივ, თქვენ უკან)
ai ak (martzchniw, mardschwniw, tkwen uk'an)

Kurze nützliche Sätze

Keine Sorge! – ნუ წუხდებით! – nu tz'uchdebit!

Macht nichts. – არა უშავს. – ara uschawß.

Es tut mir leid. – ძალიან ვწუხვარ. – dsalian wtz'uchwar.

Schade! – საწყენია / ცუდია! – ßatz'qenia / tzudia!

Ich bin sicher. – დარწმუნებული ვარ. – dartz'munebuli war.

Ich weiß (es) nicht. – არ ვიცი. – ar witzi.

Abwarten! Mal abwarten! – დაელოდეთ, მადროვეთ! – daelodet, madrowet!

Auf keinen Fall. – არავითარ შემთხვევაში. – arawitar schemtchwewaschi.

Sehr gut! – ძალიან კარგი (კარგად)! – dsalian k'argi (k'argad)!

Was bedeutet das? – ეს რას ნიშნავს? – eß raß nischnawß?

Ich verstehe nicht. – არ მესმის. – ar meßmiß.

Wenn (Falls) Sie wollen. – თუ გინდათ (გნებავთ). – tu gindat (gnebawt *höfl.*)

Wie Sie wollen. – როგორც გინდათ (გნებავთ). – rogortz gindat (gnebawt *höfl.*)

Wenn (dann, wenn) Sie wollen. – როცა გინდათ (გნებავთ). – rotza gindat (gnebawt *höfl.*)

Wo wollen Sie hin? – სად გინდათ (გნებავთ)? – ßad gindat (gnebawt *höfl.*)?

Ich möchte ... – მე მინდა ... – me minda ...

Ich will nicht ... – მე არ მინდა ... – me ar minda ...

Haben Sie ...? – გაქვთ ...? – gakwt ...?

Wiederholen Sie bitte (Ihre Frage). – თუ შეიძლება, გაიმეორეთ (თქვენი კითხვა). – tu sche-idsleba, gaimeoret (tkweni k'itchwa).

lauter – ხმამაღლა – chmamaghla

langsam(er) – ნელა / უფრო ნელა – nela / upro nela

Helfen Sie mir, bitte! – მომეხმარეთ, თუ შეიძლება! – momechmaret, tu sche-idsleba!

Wortliste: Fragewörter

wann	როდის	rodiß
warum	რატომ	rat'om
was	რა / რას	ra / raß
was für ein/-e	რომელ(ი)	romel(i)
welche/-r/-s	რომელ(ი)	romel(i)

wem	ვის	wiß
wen	ვინ / ვის	win / wiß
wer	ვინ	win
wessen	ვისი	wißi
wie	როგორ	rogor
wie alt	რა ხნის	ra chniß
wie lange	რამდენ ხანს	ramden chanß
wie viele	რამდენ(ი)	ramden(i)
wo	სად	ßad
woher	საიდან	ßaidan
wohin	სად / საით	ßad / ßait
wozu	რისთვის	rißtwiß

Wortliste: Kleine, aber nützliche Wörter

aber	მაგრამ	magram
auch	აგრეთვე	agretwe
endlich	ძლივს, ბოლოს და ბოლოს	dsliwß, boloß da boloß
gern	სიამოვნებით	ßiamownebit
hoffentlich	იმედია	imedia
immer	ყოველთვის / მუდამ	qoweltwiß / mudam
nicht	არ	ar
nicht mehr	აღარ	aghar
nichts	არაფერი	araperi
noch	ჯერ	dscher
noch nicht	ჯერ არ(ა)	dscher ar(a)
nur	მხოლოდ	mcholod
oder	ან	an
oder (in Fragesätzen)	თუ	tu
schon	უკვე	uk'we
und	და	da
ungefähr	დაახლოებით	da-achloebit
vielleicht	ალბათ / შეიძლება	albat / sche-idsleba
absichtlich	განგებ	gangeb
unabsichtlich	უნებურად / უცაბედად	uneburad / utzabedad

Smalltalk ...

Über Persönliches

▸ Sind Sie verheiratet?
Eine Frau fragt man mit: თქვენ გათხოვილი ხართ?
tkwen gatchowili chart?
Einen Mann fragt man mit: თქვენ ცოლი გყავთ?
tkwen tzoli gqawt?

▸ Haben Sie Kinder?
შვილები გყავთ?
schwilebi gqawt?

▸ Haben Sie Geschwister?
და ან ძმა გყავთ?
da an dsma gqawt?

▸ Wie alt sind Sie?
რამდენი წლის ხართ?
ramdeni tz'liß chart?

▸ Was machen Sie beruflich?
თქვენი პროფესია?
tkweni p'ropeßia?

▸ Was studieren Sie?
რას სწავლობთ?
raß ßtz'awlobt?

▸ Sind Sie allein hier?
აქ მარტო ხართ?
ak mart'o chart?

▸ Ich bin mit einer Freundin / einem Freund hier.
მე აქ მეგობართან ერთად ვარ.
me ak megobartan ertad war.
(*Anmerkung:* Im Georgischen gibt es kein grammatisches Geschlecht, s. S. 21)

▸ Sind Sie zum ersten Mal hier?
აქ პირველად ხართ?
ak p’irwelad chart?

▸ Wie lange sind Sie schon hier?
რამდენი ხანია, რაც აქ ხართ?
ramdeni chania, ratz ak chart?

▸ Wie lange bleiben Sie noch hier?
კიდევ რამდენ ხანს რჩებით?
k’idew ramden chanß rtschebit?

▸ Noch einige Tage / zwei Wochen.
კიდევ რამდენიმე დღე / ორი კვირა.
k’idew ramdenime dghe / ori k’wira.

▸ Ich zeige Ihnen gerne die Stadt.
სიამოვნებით გაჩვენებთ / დაგათვალიერებინებთ ქალაქს.
ßiamownebit gatschwenebt / dagatwalierebinebt kalakß.

▸ Sehen wir uns noch einmal?
კიდევ შევხვდებით?
k’idew schewchwdebit?

▸ Haben Sie morgen Zeit?
ხვალ დრო გაქვთ?
chwal dro gakwt?

▸ Nein, leider habe ich keine Zeit.
არა, სამწუხაროდ, არ მაქვს დრო.
ara, samtz’ucharod ar makwß dro.

▸ Dann übermorgen, ich kann Sie abholen. Wo wohnen Sie?
მაშინ ზეგ, მე გამოგივლით. სად ცხოვრობთ?
Maschin seg, me gamogiwlit. ßad tzchowrobt?

▸ Ja, gerne, ich wohne im Hotel „Europa“.
კარგით, მე სასტუმრო „ევროპაში“ ვცხოვრობ.
k’argit, me ßaßt’umro „ewrop’aschi“ wtzchowrob.

▸ Lassen Sie mich in Ruhe!
თავი დამანებეთ!
tawi damanebet!

▸ Entschuldigen Sie bitte.
ბოდიში, მაპატიეთ.
bodischi, map'at'iet.

Die Zahlen

Grundzahlen

Die Zahlen von „nul" bis „zehn":

0	ნოლი	noli
1	ერთი	erti
2	ორი	ori
3	სამი	ßami
4	ოთხი	otchi
5	ხუთი	chuti
6	ექვსი	ekwßi
7	შვიდი	schwidi
8	რვა	rwa
9	ცხრა	tzchra
10	ათი	ati

Von elf bis neunzehn werden die Zahlen nach der Formel „zehn-eins-mehr" gebildet, wobei das ati „10" zu t verkürzt wird:

11	თერთმეტი	tertmet'i
12	თორმეტი	tormet'i
13	ცამეტი	tzamet'i
14	თოთხმეტი	totchmet'i
15	თხუთმეტი	tchutmet'i
16	თექვსმეტი	tekwßmet'i
17	ჩვიდმეტი	tschwidmet'i
18	თვრამეტი	twramet'i
19	ცხრამეტი	tzchramet'i

Von zwanzig bis neunundneunzig sind die Zahlen nach dem Vigesimalsystem aufgebaut, man zählt also „zwanzig-und-zehn“ (30), „zwanzig-und-fünfzehn“ (35), „dreimal-zwanzig“ (60), viermal-zwanzig-und-achtzehn“ (98).

20	ოცი	otzi
21	ოცდაერთი	otzdaerti (*wörtl.:* 20 und 1)
22	ოცდაორი	otzdaori (*wörtl.:* 20 und 2 *und so weiter …*)
23	ოცდასამი	otzdaßami
24	ოცდაოთხი	otzdaotchi
25	ოცდახუთი	otzdachuti
26	ოცდაექვსი	otzdaekwßi
27	ოცდაშვიდი	otzdaschwidi
28	ოცდარვა	otzdarwa
29	ოცდაცხრა	otzdatzchra
30	ოცდაათი	otzdaati (*wörtl.:* 20 und 10)
31	ოცდათერთმეტი	otzdatertmet’i (*wörtl.:* 20 und 11)
32	ოცდათორმეტი	otzdatormet’i (*wörtl.:* 20 und 12)
33	ოცდაცამეტი	otzdatzamet’i
[…]		
40	ორმოცი	ormotzi (*wörtl.:* 2 mal 20)
41	ორმოცდაერთი	ormotzdaerti (*wörtl.:* 2 mal 20 und 1)
42	ორმოცდაორი	ormotzdaori
[…]		
50	ორმოცდაათი	ormotzdaati (*wörtl.:* 2 mal 20 und 10)
51	ორმოცდათერთმეტი	ormotzdatertmet’i (*wörtl.:* 2 mal 20 und 11)
[…]		
60	სამოცი	ßamotzi (*wörtl.:* 3 mal 20)
70	სამოცდაათი	ßamotzdaati (*wörtl.:* 3 mal 20 und 10)
80	ოთხმოცი	otchmotzi (*wörtl.:* 4 mal 20)
90	ოთხმოცდაათი	otchmotzdaati (*wörtl.:* 4 mal 20 und 10)

Die Hunderter lauten wie folgt:

100	ასი	aßi
145	ას ორმოცდახუთი	aß ormotzdachuti (*wörtl.:* hundert 2 mal 20 und 5)
200	ორასი	oraßi (*wörtl.:* 2 hundert)
[...]		
900	ცხრაასი	tzchraaßi
1000	ათასი	ataßi (*wörtl.*: 10 hundert)
1937	ათას ცხრაას ოცდაჩვიდმეტი	ataß tzchraaß otzdatschwidmet'i (*wörtl.:* tausend 9 hundert 20 und 17)
2026	ორიათას ოცდაექვსი	oriataß otzdaekwßi (*wörtl.:* 2 tausend 20 und 6)

(eine) Million	მილიონი	milioni
(eine) Milliarde	მილიარდი	miliardi

Das Nomen nach dem Zahlwort steht im Singular, z. B. ოცდარვა სტუდენტი otzdarwa ßt'udent'i „28 Studenten", wörtlich also „28 Student"; der Nominativ Plural von „Student" hieße სტუდენტები ßt'udent'ebi.

Ordnungszahlen

Die Ordnungszahlen „erste(r)" bis „zwei und zwanzigste(r)"

1.	პირველი	p'irweli
2.	მეორე	meore
3.	მესამე	meßame
4.	მეოთხე	meotche
5.	მეხუთე	mechute
6.	მეექვსე	meekwße
7.	მეშვიდე	meschwide
8.	მერვე	merwe
9.	მეცხრე	metzchre
10.	მეათე	meate
11.	მეთერთმეტე	metertmet'e
12.	მეთორმეტე	metormet'e
13.	მეცამეტე	metzamet'e

14.	მეთოთხმეტე	metotchmet'e
15.	მეთხუთმეტე	metchutmet'e
16.	მეთექვსმეტე	metekwßmet'e
17.	მეჩვიდმეტე	metschwidmet'e
18.	მეთვრამეტე	metwramet'e
19.	მეცხრამეტე	metzchramet'e
20.	მეოცე	meotze
21.	ოცდამეერთე	otzdameerte
22.	ოცდამეორე	otzdameore
[...]		
85.	ოთხმოცდამეხუთე	otchmotzdamechute
103.	ასმესამე	aßmeßame

Zeitangaben

Im Allgemeinen kann man sagen, dass die Zeit im alltäglichen Leben der Georgier nicht so wichtig ist wie für die Deutschen. Sie sind nicht so pünktlich und haben fast immer Zeit für Freunde oder auch für andere Menschen (z. B. auch für Gäste: Man darf ohne Verabredung oder Voranmeldung auf einen Besuch vorbeikommen).

Allgemeines

bald	მალე	male
früh	ადრე	adre
immer	მუდამ, ყოველთვის	mudam, qoweltwiß
jetzt	ახლა / ეხლა	achla / echla
manchmal	ზოგჯერ, ხანდახან	sogdscher, chandachan
noch (nicht)	ჯერ (არა)	dscher (ara)
oft	ხშირად	chschirad
schon	უკვე	uk'we
selten	იშვიათად	ischwiatad
sofort	ახლავე	achlawe

spät	გვიან	gwian
später	მოგვიანებით	mogwianebit
vorher	აქამდე	akamde
nachher	ამის შემდეგ	amiß schemdeg
in ein paar Tagen	ორიოდე დღეში	oriode dgheschi
vor ein paar Tagen	ორიოდე დღის წინ	oriode dghiß tz'in
wieder	ისევ	ißew
Zeit	დრო	dro
Arbeitszeit	სამუშაო დრო	ßamuschao dro
Freizeit	თავისუფალი დრო	tawißupali dro
Urlaubszeit	შვებულების დრო	schwebulebiß dro
Ferienzeit	არდადეგების დრო	ardadegebiß dro

▸ Ich habe keine Zeit.
არ მცალია / დრო არ მაქვს.
ar mtzalia / dro ar makwß.

Die Wochentage

Die Woche heißt კვირა k'wira, und der Sonntag heißt ebenfalls k'wira. Der Samstag heißt შაბათი schabati. Die anderen Wochentage (außer Freitag) stellen dem Wort schabati die Zahlen von 2 bis 5 voran, wobei diese Zahlen das auslautende -i verlieren:

Montag – ორშაბათი – orschabati
am Montag – ორშაბათს – orschabatß

Dienstag – სამშაბათი – samschabati
am Dienstag – სამშაბათს – ßamschabatß

Mittwoch – ოთხშაბათი – otchschabati
am Mittwoch – ოთხშაბათს – otchschabatß

Donnerstag – ხუთშაბათი – chutschabati
am Donnerstag – ხუთშაბათს – chutschabatß

Freitag – პარასკევი – p'arask'ewi
am Freitag – პარასკევს – p'araßk'ewß

Samstag – შაბათი – schabati
am Samstag – შაბათს – schabatß

Sonntag – კვირა – k'wira
am Sonntag – კვირას – k'wiraß

Das deutsche „am" vor den Wochentagen („am Sonntag, am Montag" usw.) wird durch die Dativendung -ß ausgedrückt, wobei die auf -i endenden Tage das i verlieren: orschabatß, ßamschabatß, otchschabatß, chutschabatß, p'arask'ewß, schabats, k'wiraß.

Tag – დღე – dghe
Feiertag – უქმე (დღე) – ukme (dghe)
Werktag – სამუშაო დღე – ßamuschao dghe
Wochenende – შაბათ-კვირა – schabat-k'wira
jeden Tag – ყოველდღე – qoweldghe

Einige Sätze mit Wochentagen:

- An welchen Tagen ist das Lebensmittelgeschäft geöffnet?
რომელ დღეებშია ღია სურსათის მაღაზია?
romel dgheebschia ghia ßurßatiß maghasia?

- Das Lebensmittelgeschäft ist jeden Tag geöffnet.
სურსათის მაღაზია ყოველდღე ღიაა.
ßurßatiß maghasia qoveldghe ghiaa.

- Die Bank ist samstags und sonntags geschlossen.
შაბათ-კვირას ბანკი არ მუშაობს.
schabat-k'wiraß bank'i ar muschaobß.

- In Georgien sind die meisten Geschäfte jeden Tag geöffnet.
საქართველოში მაღაზიების უმრავლესობა ყოველდღეა ღია.
ßakartweloschi maghasiebiß umrawleßoba qoveldghea ghia.

▸ Die Museen sind montags geschlossen.
ორშაბათს (ორშაბათობით) მუზეუმები დაკეტილია.
orschabatß (orschabatobit) museumebi dak'et'ilia.

Die Monate

Monat – თვე – twe
Januar – იანვარი – ianwari
Februar – თებერვალი – teberwali
März – მარტი – mart'i
April – აპრილი – ap'rili
Mai – მაისი – maißi
Juni – ივნისი – iwnißi
Juli – ივლისი – iwlißi
August – აგვისტო – agwißt'o
September – სექტემბერი – ßekt'emberi
Oktober – ოქტომბერი – okt'omberi
November – ნოემბერი – noemberi
Dezember – დეკემბერი – dek'emberi

Bei Ausdrücken wie „im Januar, im Februar" usw. wird dem Monatsnamen nach Wegfall des auslautenden -i die Endung -schi („in") angehängt, also ianwarschi, teberwalschi, mart'schi, ap'rilschi, maißschi, iwnißschi, iwlißschi, agwißt'oschi, ßekt'emberschi, okt'omberschi, noemberschi, dek'emberschi.

Die Jahreszeiten

Jahreszeit – წელიწადის დრო – tz'elitz'adiß dro

Frühling – გაზაფხული – gasapchuli
im Frühling – გაზაფხულზე – gasapchulse

Sommer – ზაფხული – sapchuli
im Sommer – ზაფხულში – sapchulschi

Herbst – შემოდგომა – schemodgoma
im Herbst – შემოდგომაზე – schemodgomase

Winter – ზამთარი – samtari
im Winter – ზამთარში – samtarschi

im kommenden Sommer – მომავალ ზაფხულს (ზაფხულში) – momawal sapchulß (sapchulschi)

im vergangenen Herbst – გასულ შემოდგომაზე – gaßul schemodgomase

Die Jahreszahlen

„Jahr" heißt წელი tz'eli; „im Jahre ..." ... წელს ... tz'elß (Dativ von tz'eli) mit davorstehendem Zahlwort ohne Endung -i:

▸ Im Jahre 1991 erklärte Georgien seine Unabhängigkeit.
ათას ცხრაას ოთხმოცდათერთმეტ წელს საქართველომ გამოაცხადა დამოუკიდებლობა.
ataß tzchraaß otchmotzdatertmet' tz'elß ßakartwelom gamoatzchada damouk'idebloba.

▸ Im Jahre 2007 war ich zum ersten Mal in Georgien.
საქართველოში პირველად ორი ათას შვიდ წელს ვიყავი.
ßakartweloschi p'irwelad ori ataß schwid tz'elß wiqawi.

წელს tz'els ohne davorstehendes Zahlwort bedeutet „in diesem Jahr":

▸ In diesem Jahr fahre ich nach Swanetien.
წელს სვანეთში მივდივარ.
tz'elß ßwanetschi miwdiwar.

„Jahrhundert" heißt im Georgischen საუკუნე ßauk'une und wird mit der Endung -schi („in") und wie im Deutschen mit den Ordnungszahlen verknüpft:

▸ Im vierten Jahrhundert wurde Georgien christianisiert.
მეოთხე საუკუნეში საქართველო გაქრისტიანდა.
meotche ßauk'uneschi ßakartwelo gakrißt'ianda.

▸ Wir leben im 21. Jahrhundert.
ჩვენ ოცდამეერთე საუკუნეში ვცხოვრობთ.
tschwen otzdame-erte ßauk'uneschi wtzchowrobt.

Feiertage

Feiertag – დღესასწაული – dgheßaßtz'auli

In Georgien gibt es die folgenden wichtigen Feiertage:

Neujahr (1. Januar): ახალი წელი – achali tz'eli

Orthodoxes Weihnachtsfest / Epiphanie (7. Januar): შობა – schoba

Gedenktag der Hl. Nino (27. Januar): ნინოობა – nino-oba

Muttertag (3. März): დედის დღე – dediß dghe

Internationaler Frauentag (8. März): ქალთა დღე – kalta dghe

Ostern: აღდგომა – aghdgoma

Tag der Einheit (9. April): ერთიანობის დღე – ertianobiß dghe

Tag der georgischen Sprache (14. April): ენის დღე – eniß dghe

St. Andreas-Tag (12. Mai): ანდრია პირველწოდებულის დღე – andria p'irweltz'odebuliß dghe

Unabhängigkeitstag (26. Mai): დამოუკიდებლობის დღე – damo-uk'ideblobiß dghe

Verklärung Christi (19. August): ფერისცვალება – periß-tzwaleba

Mariä Himmelfahrt (28. August): მარიამობა – mariamoba

ßwetitzchoweli-Tag / Mtzchetoba (14. Oktober): სვეტიცხოვლობა / მცხეთობა – ßwet'itzchowloba / mtzchetoba

St.-Georgs-Tag (23. November): გიორგობა – giorgoba

St.-Barbara-Tag (17. Dezember): ბარბალობა – barbaloba

Datum

▸ Welches Datum haben wir heute?
დღეს რა რიცხვია?
dgheß ra ritzchwia?

▸ Heute ist der 1., 2., … 23. Januar.
დღეს პირველი, ორი, … ოცდასამი იანვარია.
dgheß p’irweli, ori, … otzdaßami ianwaria.

▸ Welcher Tag ist heute?
დღეს რა დღეა?
dgheß ra dghea?

▸ Heute ist Mittwoch.
დღეს ოთხშაბათია.
dgheß otchschabatia.

Anmerkung: Beim Datum werden im Unterschied zum Deutschen die Grundzahlwörter gebraucht (Ausnahme: p’irweli: „erster“), also tzchra ap’rili „9. April“, otzdaekwßi maißi „26. Mai“, tzamet’i dek’emberi „13. Dezember“; aber: p’irweli ianwari „1. Januar“.

Dem deutschen „am“ beim Datum entspricht im Georgischen der Dativ mit der Endung -ß mit davorstehendem Zahlwort ohne Nominativendung -i: ßam okt’omberß „am 3. Oktober“.

Einige Beispielsätze:

▸ Ich fahre am Dienstag, den 28. Februar, nach Georgien, und du?
სამშაბათს, 28 თებერვალს, მე საქართველოში მივდი-ვარ, (და) შენ?
ßamschabatß, otzdarwa teberwalß, me ßakartweloschi miwdiwar, (da) schen?

▸ Am Sonntag, den 5. März, fahre ich nach Mtzcheta.
კვირას, ხუთ მარტს, მცხეთაში მივდივარ.
k’wiraß, chut mart’ß, mtzchetaschi miwdiwar.

Anmerkung: Falls der Monat bekannt ist, kann man einfach nur die Zahl mit der Endung -schi („in") nehmen:

▸ Ich fahre am 5. nach Mtzcheta.
ხუთში მცხეთაში მივდივარ.
chutschi mtzchetaschi miwdiwar.

▸ Ich habe am 15. April Geburtstag, und du?
თხუთმეტ აპრილს ჩემი დაბადების დღეა, შენი როდის არის?
tchutmet' ap'riß tschemi dabadebiß dghea, scheni rodiß ariß?

„von ... bis" beim Datum wird mit den Endungen -dan („von") und -(a)mde („bis") ausgedrückt:

▸ vom 25. März bis zum 3. April
ოცდახუთი მარტიდან სამ აპრილამდე
otzdachuti mart'idan ßam ap'rilamde

Uhrzeiten

Bei den Uhrzeiten ist zu unterscheiden zwischen der Aussage „Es ist acht Uhr." und „(Ich komme) Um acht Uhr.", wie aus den folgenden Beispielen hervorgeht:

Uhr / Stunde – საათი – ßaati

▸ Wie spät ist es?
რომელი საათია?
romeli ßaatia?

▸ Es ist 8 Uhr.
რვა საათია.
rwa ßaatia.

▸ Wie spät ist es nach deiner Uhr?
რომელი საათია შენს საათზე?
romeli ßaaTia schenß ßaatse?

Es ist 5 (Minuten) nach 8. – ცხრის ხუთი წუთია. – tzchris chuti tz'utia.

Es ist halb 9. – ცხრის ნახევარია. – tzchriß nachewaria.

Es ist 20 vor 9. – ცხრას უკლია / აკლია ოცი (წუთი). – tzchraß uk'lia / ak'lia otzi (tz'uti).

Ich komme um 8 Uhr. – რვა საათზე მოვალ. – rwa ßaatze mowal.

Ich komme um 5 nach 8. – ცხრის ხუთ წუთზე მოვალ. – tzchriß chut tz'utse mowal.

Ich komme um halb 9. – ცხრის ნახევარზე მოვალ. – tzchriß nachewarse mowal.

Ich komme um 10 nach halb 9. – მე მოვალ ცხრას რომ ოცი წუთი დააკლდება. – me mowal tzchraß rom otzi tz'uti daak'ldeba.

Als Besonderheit merke man sich, dass bei „ein Uhr" (wie beim Datum) die Ordnungszahl p'irweli gebraucht wird:

ein Uhr – პირველი საათი – p'irweli ßaati

um ein Uhr – პირველ საათზე – p'irwel ßaatse

um 20 nach 12 – პირველის ოც წუთზე – p'irweliß otz tz'utse

um 20 vor 1 – პირველს რომ ოცი (წუთი) დააკლდება – p'irwelß rom otzi (tz'uti) daak'ldeba

▸ Geht Ihre Uhr richtig?
თქვენი საათი ზუსტია?
tkweni ßaati sußt'ia?

▸ Meine Uhr geht zehn Minuten vor.
ჩემი საათი ათი წუთით წინ არის.
tschemi ßaati ati tz'utit tz'in ariß.

▸ Meine Uhr geht fünf Minuten nach.
ჩემი საათი ხუთი წუთით უკან არის.
tschemi ßaati chuti tz'utit uk'an ariß.

▸ Meine Uhr ist stehen geblieben.
ჩემი საათი გაჩერდა.
tschemi ßaati gatscherda.

▸ Es ist genau sechs Uhr.
ახლა ზუსტად ექვსი საათია.
achla sußt'ad ekwßi ßaatia.

▸ Können Sie in einer Stunde im Hotel sein?
შეგიძლიათ ერთ საათში სასტუმროში მოსვლა?
schegidsliat ert ßaat-schi ßaßt'umroschi moßwla?

Tageszeiten

heute – დღეს – dgheß

heute Morgen – დღეს დილით / (ამ) დილით – dgheß dilit / (am) dilit

heute Vormittag – დღეს შუადღეს / (ამ) შუადღეს – dgheß schuadgheß / (am) shuadgheß

heute Nachmittag – დღეს ნაშუადღევს / ნაშუადღევს – dgheß naschuadghewß / naschuadghewß

heute Abend – დღეს საღამოს / (ამ) საღამოს – dgheß ßaghamoß / (am) ßaghamoß

heute Nacht – ამაღამ – amagham

gestern – გუშინ – guschin

gestern früh (Morgen) – გუშინ დილით – guschin dilit

gestern Vormittag – გუშინ შუადღისას – guschin schuadghißaß

gestern Nachmittag – გუშინ ნაშუადღევს – guschin naschuadghewß

gestern Abend – გუშინ საღამოს / წუხელ – guschin ßaghamoß / tz'uchel

gestern Nacht – გუშინ ღამე / წუხელ – guschin ghame / tz'uchel morgen – ხვალ – chwal

übermorgen – ზეგ – seg

tagsüber – დღისით – dghißit

am Morgen – დილით, დილას– dilit, dilaß / morgens – დილაობით – dilaobit

am Vormittag, vormittags – შუადღეს – schuadgheß

am Abend – საღამოთი, საღამოს – ßaghamoti, ßaghamoß / abends – საღამოობით – ßaghamoobit

in der Nacht – ღამით, ღამე – ghamit, ghame / nachts – ღამღამობით – ghamghamobit

Alter

- Wie alt sind Sie?
რამდენი წლის ხართ?
ramdeni tz'liß chart?

- Ich bin 28 Jahre alt.
მე ოცდარვა წლის ვარ.
me otzdarwa tz'liß war.

- Mein älterer Bruder ist 32 Jahre alt.
ჩემი უფროსი ძმა ოცდათორმეტი წლის არის.
tschemi uproßi dsma otzdatormet'i tz'liß arіß.

- Meine jüngere Schwester ist 20 Jahre alt.
ჩემი უმცროსი და ოცი წლის არის.
tschemi umtzroßi da otzi tz'liß ariß.

- Sie ist 8 Jahre jünger (älter) als ich.
ის ჩემზე რვა წლით უმცროსია (უფროსია).
Iß tschemse rwa tz'lit umtzroßia (uproßia).

- Mein Freund ist genauso alt wie ich.
ჩემი მეგობარი ჩემი ტოლია / მე და ჩემი მეგობარი ტოლები ვართ.
tschemi megobari tschemi t'olia / me da tschemi megobari t'olebi wart.

Das Wetter

Barometer	ბარომეტრი	baromet'ri
Blitz	ელვა	elwa
Donner	ქუხილი	kuchili
Dürre	გვალვა	gwalwa
Frost	ყინვა	qinwa
Eis	ყინული	qinuli
Glatteis	მოყინული	moqinuli
feucht	ნესტიანი	nest'iani
Gewitter	ჭექა-ქუხილი	tsch'eka-kuchili
Hagel	სეტყვა	ßet'qwa
heiß (es ist heiß)	ცხელი (ცხელა)	tzcheli (tzchela)
Himmel	ცა	tza
Hitze	სიცხე	ßitzche
kalt (es ist kalt)	ცივი (ცივა)	tziwi (tziwa)
Kälte	სიცივე	ßitziwe
Klima	ჰავა / კლიმატი	hawa / k'limat'i
kühl (es ist kühl)	გრილი (გრილა)	grili (grila)
Luft	ჰაერი	haeri
Luftzug	ორპირი	orp'iri
Nebel	ნისლი	nißli
Nieselregen	ჟინჟღლავს	~~schinschgh~~lawß
Platzregen	კოკისპირული წვიმა	k'ok'ißp'iruli tz'wima
Regen (es regnet)	წვიმა (წვიმს)	tz'wima (tz'wimß)
Regenbogen	ცისარტყელა	tzißart'qela
Schnee (es schneit)	თოვლი (თოვს)	towli (towß)
schwül	დახუთული	dachututi
Sonne	მზე	mse
Sonnenaufgang	მზის ამოსვლა	msiß amoßwla
Sonnenuntergang	მზის ჩასვლა	msiß tschaßwla
Stern	ვარსკვლავი	warsk'wlawi
Sturm	ქარიშხალი	karischchali
Temperatur	ტემპერატურა	t'emp'erat'ura
Thermometer	თერმომეტრი	termomet'ri
warm (es ist warm)	თბილი (თბილა)	tbili (tbila)

Wettervorhersage	ამინდის პროგნოზი	amindiß p’rognosi
Wind	ქარი	kari
Wolke	ღრუბელი	ghrubeli
Wolkenbruch	თავსხმა	tawßchma

▸ Was für ein herrliches / schönes (furchtbares / schlechtes) Wetter!
რა მშვენიერი / კარგი (საშინელი / ცუდი) ამინდია!
ra mschwenieri / k’argi (ßaschineli / tzudi) amindia!

▸ Wie ist heute das Wetter?
დღეს როგორი ამინდია?
dgheß rogori amindia?

▸ Es ist kalt (warm, heiß, kühl, schwül).
დღეს ცივა (თბილა, ცხელა, გრილა, დახუთულია).
dgheß tziwa (tbila, tzchela, grila, dachutulia).

▸ Es regnet / Es schneit.
წვიმს / თოვს.
tz’wimß / towß.

▸ Wie viel Grad sind es heute?
დღეს რამდენი გრადუსია?
dgheß ramdeni gradußia?

▸ Es sind 3 Grad über / unter null.
სამი გრადუსია ნულს ზევით / ქვევით.
ßami gradußia nulß sewit / kwewit.

▸ Wie war das Wetter bei Ihnen?
თქვენთან როგორი ამინდები იყო?
tkwentan rogori amindebi iqo?

▸ Schlecht! Regnerisch / unbeständig / windig.
ცუდი! წვიმიანი / ცვალებადი / ქარიანი.
tzudi! tz’wimiani / tzwalebadi / kariani.

▸ Das Klima hier ist schrecklich (richtig gut).
აქ ცუდი (მართლაც კარგი) ჰაერია.
ak tzudi (martlatz k’argi) haeria.

Anreise und Einreise

Am einfachsten kommt man per Flugzeug nach Georgien. Es gibt drei internationale Flughäfen: in der Hauptstadt Tbilissi sowie im westgeorgischen Kutaissi und Batumi. Regelmäßigen Flugverkehr gibt es das ganze Jahr über. Nach Tbilissi fliegt u. a. die Lufthansa von München aus.

Die Einreise ist mit Personalausweis oder Reisepass möglich. Bis zu einem Aufenthalt von 90 Tagen ist für EU-Bürger und Schweizer kein Visum erforderlich.

Wortliste: Fliegen

Abflug	გაფრენა	gaprena
Ankunft	ჩამოფრენა	tschamoprena
Besatzung	ეკიპაჟი	ek'ip'a~~sch~~i
Bestätigung	დადასტურება	dadaßt'ureba
Boarding	ჩასხდომა	tschaßchdoma
Boarding Ende	დასრულდა ჩასხდომა	daßchrulda tschaßchdoma
Bordkarte	ჩასხდომის ბილეთი	tschaßchdomiß bileti
buchen	დაჯავშნა	dadschawschna
Charterflug	ჩარტერული რეისი	tschart'eruli re-ißi
Check-in	რეგისტრაცია	regißt'ratzia
Direktflug	პირდაპირი რეისი	p'irdap'iri re-ißi
Einchecken	რეგისტრაციის გავლა	regißt'ratziiß gawla
Flug	რეისი / ფრენა	re-ißi / prena
Flugbegleiter(in)	სტუარდი / სტუარდესა	ßt'uardi / ßt'uardeßa
Flughafen	აეროპორტი	a-erop'ort'i
Fluglinie	რეისი	re-ißi
Flugpassagiere	თვითმფრინავის მგზავრი	twitmprinawiß mgsawri
Flugplatz	ადგილი	adgili
Flugticket	ბილეთი	bileti
Flugzeug	თვითმფრინავი	twitmprinawi
gelandet	დაფრინდა / დაეშვა	daprinda / daeschwa

Gepäck	ბარგი	bargi
gestartet	სტარტი აიღო	ßt'art'i aigho
Handgepäck	ხელბარგი	chelbargi
Info-Schalter	ინფორმაციის სარკმელი	inpormatziiß ßark'meli
Koffer	ჩემოდანი	tschemodani
Landung	დაფრენა / დაშვება	daprena / daschweba
letzter Aufruf	ბოლო გამოძახება	bolo gamodsacheba
Linienflug	რეისი	re-ißi
Notausgang	ავარიული გასასვლელი	awariuli gaßaßwleli
Passkontrolle	პასპორტის კონტროლი	p'aßp'ort'iß k'ont'roli
planmäßige Ankunft	გეგმიური დაფრენა	gegmiuri daprena
pünktlich	ზუსტი / დროზე	sußt'i / drose
Reisetasche	სამგზავრო ჩანთა	ßamgsawro tschanta
Rollstuhl	ინვალიდის ეტლი	inwalidiß et'li
Rucksack	ზურგჩანთა	surgtschanta
Rückflug	უკან გაფრენა	uk'an gaprena
Umbuchung	გადაცვლა	gadatzwla
Zwischenlandung	შუალედური დაფრენა	schualeduri daprena
Zoll	საბაჟო	ßabascho

Ankunft in Tbilissi

▸ Wo ist der Informationsschalter?
სად შეიძლება ინფორმაციის მიღება?
ßad sche-idsleba inpormatziiß migheba?

▸ Wo ist die Passkontrolle?
სად არის პასპორტების კონტროლი?
ßad ariß p'aßp'ort'ebiß k'ont'roli?

▸ *G:* Zeigen Sie bitte Ihren Pass.
მაჩვენეთ თქვენი პასპორტი, თუ შეიძლება.
matschwenet tkweni p'aßp'ort'i, tu sche-idsleba.

▸ Haben Sie etwas zu verzollen?
გაქვთ რამე სადეკლარაციო?
gakwt rame ßadek'laratzio?

▸ Wo bekomme ich mein Gepäck?
სად შემიძლია ბარგის მიღება?
ßad schemidslia bargiß migheba?

▸ Kommt das Gepäck aus München auf diesem Gepäckband?
მიუნხენიდან ბარგი აქ (ამ ხაზზე) მოდის?
miunchenidan bargi ak (am chas-se) modiß?

▸ Mein Gepäck ist nicht angekommen.
ჩემი ბარგი არ მოსულა.
tschemi bargi ar moßula.

▸ Mein Gepäck ist beschädigt.
ჩემი ბარგი დაზიანებულია.
tschemi bargi dasianebulia.

▸ Wo fährt der Bus ab?
საიდან გადის ავტობუსი?
ßaidan gadiß awt'obußi?

▸ Wo kann man eine Busfahrkarte kaufen?
სად იყიდება ავტობუსის ბილეთები?
ßad iqideba awt'obußiß biletebi?

▸ *G*: An der Bushaltestelle bei den Automaten oder im Bus beim Busfahrer.
გაჩერებაზე, ავტომატში, ან ავტობუსის მძღოლთან.
gatscherebase awt'omat'schi, an awt'obußiß mdsgholtan.

▸ Wo ist ein Taxistand?
სად არის ტაქსის გაჩერება?
ßad ariß t'akßiß gatschereba?

Anmerkung: Vom Flughafen ins Stadtzentrum Tbilissi kommt man am besten mit dem Taxi. Die Fahrt dauert ca. 30 Minuten und kostet ungefähr 50 bis 60 Lari.

Der Bus Nr. 37 verkehrt tagsüber stündlich zwischen Flughafen und Hauptbahnhof und fährt über den Freiheitsplatz und den Rustaweli-Prospekt. Beim Geldwechseln am Flughafen sollte man sich Kleingeld für den Bus besorgen.

Außerdem bietet der Airport für tagsüber einen Shuttle-Service in Kleinbussen an – mit Halt am Freiheitsplatz (თავისუფლების მოედანი – tawißuplebiß moedani), am Platz der Helden (გმირთა მოედანი – gmirta moedani) und am Platz des 26. Mai (26 მაისის მოედანი – otzdaekwßi maißiß moedani), der die Endstation ist.

Wenn man spät am Abend oder in der Nacht ankommt, fährt man ins Zentrum mit dem Taxi, oder, falls man schon mit dem Hotel eine Abholvereinbarung hat, mit dem hoteleigenen Verkehrsmittel. Diesen Service bieten fast alle Hotels und Gästehäuser für 45 bis 60 Lari an.

Geldumtausch

Die georgische Währung heißt Lari (ლარი – lari), unterteilt in 100 Tetri (თეთრი – tetri). Wenn Sie am Flughafen ankommen, empfiehlt es sich, direkt dort an einem Schalter georgische Lari für die Weiterfahrt abzuheben.

In der Stadt gibt es zahlreichen Wechselstuben, wo man Dollar und Euro problemlos tauschen kann. EC- und Kreditkarten werden meist nur in den großen Hotels und Geschäften akzeptiert. In allen Städten gibt es zahlreiche Bankautomaten, an denen man mit EC- und Kreditkarten (die das Maestro-Zeichen tragen) Bargeld abheben kann.

Kleingeld. 2 Lari, 1 Lari sowie 50 Tetri, 20 Tetri 10 Tetri und 5 Tetri

20-Lari-Banknote mit Ilia Tschawtschawadse

100-Lari-Banknote mit Rustaweli

▸ Wo kann ich Geld wechseln?
სად შეიძლება ფულის გადაცვლა?
ßad sche-idsleba puliß gadatzwla?

▸ Ich möchte 100 Euro wechseln.
მე მინდა 100 ევროს გადაცვლა.
me minda aßi ewroß gadatzwla.

▸ Ich möchte 50 Euro in Lari umtauschen.
მე მინდა ორმოცდაათი ევროს ლარებში გადაცვლა.
me minda ormotzdaati ewroß larebschi gadatzwla.

▸ *G:* Wie möchten Sie das Geld haben?
როგორი ფული გნებავთ?
rogori puli gnebawt?

▸ Geben Sie mir bitte auch etwas Kleingeld.
თუ შეიძლება, ცოტა წვრილი / ხურდა ფულიც მომეცით.
tu sche-idsleba, tzot'a tz'wrili / churda pulitz mometzit.

Wortliste: Geld

abheben (Geld)	ფულის გამოტანა	puliß gamot'ana
Banknote	ბანკნოტი	bank'not'i
Betrag	თანხა	tancha
(be)zahlen	ფულის გადახდა	puliß gadachda
Euro	ევრო	ewro
Formular	ფორმულარი	pormulari
Geld	ფული	puli
Geldautomat	ავტომატი	awt'omat'i
Kleingeld, Münzen	ხურდა ფული	churda puli
Kreditkarte	საკრედიტო ბარათი	ßak'redit'o barati
Lari	ლარი	lari
Tetri (1 Lari = 100 Tetri)	თეთრი	tetri
PIN	პინი	p'ini
Wechselkurs	გაცვლითი კურსი	gatzwliti k'urßi

In der Stadt

Erste Orientierung

Tbilissi, die Hauptstadt Georgiens mit ihren fast 1,4 Millionen Einwohnern, liegt im Tal des Flusses Mtkwari, der auf Russisch Kura heißt. König Wachtang Gorgassali gründete die Stadt gegen Ende des 5. Jahrhunderts. Später, im 6. Jh., verlegte sein Sohn den Königssitz von der alten Hauptstadt Mtzcheta nach Tbilissi.

▸ Ist das der Weg ins Zentrum?
ეს გზა მიდის ცენტრისკენ?
eß gsa midiß tzent'risk'en?

▸ Ist es weit bis zum Zentrum?
შორს არის ცენტრამდე?
schorß ariß tzent'ramde?

Stadtplan von Tbilissi

▸ *G:* Ja, es ist weit. // Nein, es ist nicht weit / es ist nah.
დიახ, შორს არის // არა, შორს არ არის / ახლოა.
diach, schorß arіß // ara, schorß ar arіß / achloa.

▸ Es sind vielleicht 2 Kilometer.
ორი კილომეტრი იქნება.
ori k'ilomet'ri ikneba.

▸ Entschuldigung, wo ist das Zentrum?
ბოდიში, ცენტრი სად არის?
bódischi, tzent'ri ßad arіß?

▸ Können Sie mir das auf dem Stadtplan zeigen?
შეგიძლიათ ქალაქის გეგმაზე მაჩვენოთ?
schegidsliat kalakiß gegmase matschwenot?

▸ *G:* Gehen (Fahren) Sie zuerst geradeaus und dann rechts.
წადით ჯერ პირდაპირ და მერე მარჯვნივ.
tz'adit dscher p'irdap'ir da mere mardschwniw.

▸ *G:* Gehen Sie über die Kreuzung und dann links.
გადადით გზაჯვარედინზე და მერე მარცხნივ.
gadadit gsadschwaredinse da mere martzchniw.

Gorgassali-Denkmal
und Metechi-Kirche

▸ Entschuldigen Sie, ich habe mich verlaufen, wie komme ich zum Hotel …?
უკაცრავად, გზა ამერია, როგორ მივალ სასტუმრო …-მდე?
uk'atzrawad, gsa ameria, rogor miwal ßaßt'umro …-mde?

▸ Gibt es hier in der Nähe eine Unterführung?
არის აქ სადმე ახლოს მიწისქვეშა გადასასვლელი?
ariß ak ßadme achloß mitz'ißkwescha gadaßaßwleli?

Wortliste: Orientierung

Ampel	შუქნიშანი	schuknischani
Fußgängerzone	საფეხმავლო ზონა	ßapechmawlo sona
Gehsteig	ტროტუარი	t'rot'uari
Haltestelle	გაჩერება	gatschereba
Kreuzung	გზაჯვარედინი	gsadschwaredini
Kurve	მოსახვევი	moßachwewi
Parkplatz	პარკინგი	p'ark'ingi
Stadtplan	ქალაქის გეგმა	kalakiß gegma

Straße	ქუჩა	kutscha
Hauptstraße	მთავარი ქუჩა	mtawari kutscha
Unterführung	მიწისქვეშა გადასასვლელი	mitz'ißkwescha gadaßaßwleli
Zebrastreifen	ზებრა	sebra
Zentrum	ცენტრი	tzent'ri
geradeaus	პირდაპირ	p'irdap'ir
rechts	მარჯვნივ	mardschwniw
links	მარცხნივ	martzchniw
weit	შორს	schorß
nah	ახლოს	achloß
hier	აქ	ak
hierhin	აქეთ	aket
dort	იქ	ik
dorthin	იქით	ikit
zurück	უკან	uk'an
Altstadt (Tbilissi)	ძველი თბილისი	dsweli tbilißi
Botanischer Garten	ბოტანიკური ბაღი	bot'anik'uri baghi
Café	კაფე	k'afe
Hotel	სასტუმრო	ßaßt'umro
Kino	კინო	k'ino
Kirche	ეკლესია	ek'leßia
Museum	მუზეუმი	museumi
Oper	ოპერა	op'era
Rathaus	მერია	meria
Restaurant	რესტორანი	reßt'orani
Schwimmbad	საცურაო აუზი	ßatzurao ausi
Stadion	სტადიონი	ßt'adioni
Theater	თეატრი	teat'ri
Universität	უნივერსიტეტი	uniwerßit'et'i

Staatliches Sakaria-Paliaschwili-Theater für Oper und Ballett

Wegweiser in Tbilissi

Die Unterkunft

Hotels bucht man in der Regel über eine der internationalen Internet-Agenturen, z. B. www.hotel.de, www.hotels-tbilisi.com (Englisch) oder www.georgia-insight.eu (deutsche Reiseveranstalter).

In ihrer Qualität unterscheiden sich Hotels in Tbilissi untereinander beträchtlich. Das gleiche trifft auf die Preise zu. Luxushotels sind z. B. Sheraton Metechi Palace oder Marriot Hotel. Ein einfaches Hotel ist z. B. Hotel Kartli. Oft sind die Preise in Dollar angegeben, bezahlt wird aber in Lari.

Zimmersuche

▸ Wo ist das Hotel ... / die(se) Straße?
სად არის სასტუმრო ... / (ეს) ქუჩა?
ßad ariß ßaßt'umro ... / (eß) kutscha?

▸ Wie komme ich am besten dorthin?
როგორ აჯობებს იქამდე მისვლა?
rogor adschobebß ikamde mißwla?

▸ Ich suche ein gutes Hotel / ein Hotel der Mittelklasse.
მე ვეძებ კარგ სასტუმროს / საშუალო კლასის სასტუმროს.
me wedseb k'arg ßaßt'umroß / ßaschualo k'laßiß ßaßt'umroß.

▸ Ich suche eine Pension / ein Privatquartier.
მე ვეძებ პანსიონს / კერძო ბინას.
me wedseb p'anßionß / k'erdso binaß.

▸ Wie sind die Preise dort?
იქ რა ფასებია?
ik ra paßebia?

Tbilisi Marriott Hotel

An der Rezeption

- Haben Sie ein Einzelzimmer / ein Doppelzimmer frei?

გაქვთ ერთსაწოლიანი (ერთადგილიანი) / ორსაწოლიანი (ორადგილიანი) ოთახები (ნომრები)?

gaqwt ertßatz'oliani (ertadgiliani) / orßatz'oliani (oradgiliani) otachebi (nomrebi)?

- Ich habe ein / zwei Zimmer auf den Namen ... bestellt.

მე შეკვეთილი მაქვს ერთი / ორი ნომერი ...-ის სახელზე.

me schek'wetili makwß erti / ori nomeri ...-iß ßachelse.

- Das Reisebüro ... hat für mich ein Zimmer bestellt.

სამოგზაურო ბიურო ...-მა ჩემთვის ერთი ოთახი (ნომერი) შეუკვეთა.

ßamogsauro biuro ...-ma tschemtwiß erti otachi (nomeri) sche-uk'weta.

▸ Ich habe einen Gutschein; das Zimmer ist bestellt und bezahlt.
მე მაქვს საბუთი, რომ ოთახი შეკვეთილია და საფასუ-
რი გადახდილია.
me makwß ßabuti, rom otachi schek'wetilia da ßapaßuri gadachdilia.

▸ Ich hätte gern ein Zimmer mit Bad oder Dusche und WC ...
მე მინდა ნომერი აბაზანით ან საშხაპეთი და ტუალე-
ტით ...
me minda nomeri abasanit an saschchap'eti da t'ualet'it ...

▸ ... für eine Nacht / zwei Nächte / eine Woche.
... ერთი დღით / ორი დღით / ერთი კვირით.
... erti dghit / ori dghit / erti k'wirit.

▸ Was kostet das Zimmer pro Tag / pro Woche ...
რა ღირს ოთახი ერთი დღით / ერთი კვირით ...
ra ghirß otachi erti dghit / erti k'wirit ...

▸ ... mit Frühstück / Vollpension?
... საუზმით / სრული პანსიონით?
... ßausmit / ßruli p'anßionit?

▸ Kann ich das Zimmer anschauen?
შეიძლება ოთახის ნახვა?
sche-idsleba otachiß nachwa?

▸ Ich nehme dieses.
მე ამას ავიღებ.
me amaß awigheb.

▸ Das Zimmer gefällt mir / Das Zimmer gefällt mir nicht.
ეს ოთახი მომწონს / ეს ოთახი არ მომწონს.
eß otachi momtz'onß / eß otachi ar momtz'onß.

▸ Können Sie ein Kinderbett (ein weiteres Bett) ins Zimmer stellen?
შეგიძლიათ ოთახში ბავშვის საწოლი (კიდევ ერთი სა-
წოლი) ჩადგათ?
schegidsliat otachschi bawschwiß ßatz'oli (k'idew erti ßatz'oli) tschadgat?

▸ Bekommen Kinder / Senioren eine Ermäßigung?
ეკუთვნით ბავშვებს / მოხუცებს რაიმე შეღავათი (ფას-დაკლება)?
ek’utwnit bawschwebß / mochutzebß raime scheghawati (paßdak’leba)?

▸ Kann ich mein Gepäck hierlassen?
შეიძლება ჩემი ბარგი აქ დავტოვო?
sche-idsleba tschemi bargi ak dawt’owo?

▸ Kann ich diese Sachen im Hotelsafe aufbewahren?
შეიძლება ეს ნივთები სასტუმროს სეიფში შევინახო?
sche-idsleba eß niwtebi ßaßt’umroß ße-ipschi schewinacho?

Im Hotel

▸ Wo ist Zimmer Nr. ... / der Speisesaal?
სად არის ნომერი ... ოთახი / სასადილო ოთახი?
ßad ariß nomeri ... otachi / ßaßadilo otachi?

▸ Wann gibt es Frühstück / Mittagessen / Abendessen?
როდის არის საუზმე / სადილი / ვახშამი?
rodiß ariß ßausme / ßadili / wachschami?

▸ Bitte den Schlüssel für Zimmer Nr. ...
... ნომრის გასაღები, თუ შეიძლება.
... nomriß gaßaghebi, tu sche-idsleba.

▸ Ich habe meinen Schlüssel verloren.
მე დამეკარგა გასაღები.
me damek’arga gaßaghebi.

▸ Ich habe meinen Schlüssel im Zimmer eingeschlossen.
ჩემი გასაღები ოთახში ჩამეკეტა.
tschemi gaßaghebi otachschi tschamek’et’a.

▸ Können Sie ein Kopfkissen (eine Decke) auf Zimmer bringen?
შეგიძლიათ ერთი ბალიში (საბანი) ნომერში შემოგვი-ტანოთ?
schegidsliat erti balischi (ßabani) nomerschi schemogwit’anot?

▸ Haben Sie Briefmarken (Postkarten)?
მარკები (ღია ბარათები) გაქვთ?
mark'ebi (ghia baratebi) gakwt?

▸ Wo kann ich mich für den Ausflug nach ... anmelden?
სად შეიძლება ...-ის ექსკურსიაზე ჩაწერა?
ßad sche-idsleba ...-iß ekßk'urßiase tschatz'era?

▸ Ich möchte für morgen ein Lunchpaket bestellen.
მე მინდა ხვალისთვის ლანჩის პაკეტი შევუკვეთო.
me minda chwalißtwiß lantschiß p'ak'et'i schewuk'weto.

▸ Wir werden morgen mit dem Bus abgeholt.
ხვალ ჩვენ ავტობუსი გამოგვივლის.
chwal tschwen awt'obußi gamogwiwliß.

Radisson Blu Iveria Hotel in Tbilissi

Beanstandungen

▸ Das Zimmer ist nicht gereinigt worden.
ოთახი დასუფთავებული არ არის.
otachi daßuptawebuli ar ariß.

▸ Es ist kalt im Zimmer. Die Heizung funktioniert nicht.
ოთახში ცივა. გათბობა არ არის.
otachschi tziwa. gatboba ar arіß.

▸ Die Toilette ist verstopft.
ტუალეტი იჭედება.
t'ualet'i itsch'edeba.

▸ Die Dusche funktioniert nicht.
შხაპი არ ფუნქციონირებს.
schchap'i ar punktzionirebß.

▸ Der Wasserhahn tropft.
ონკანი წვეთავს.
onk'ani tz'wetawß.

▸ Es kommt kein (warmes / kaltes) Wasser.
(ცხელი / ცივი) წყალი არ მოდის.
(tzcheli / tziwi) tz'qali ar modiß.

▸ Die Birne ist durchgebrannt.
ნათურა გადამწვარია.
natura gadamtz'waria.

▸ Das Schloss ist kaputt.
საკეტი გაფუჭებულია.
ßak'et'i gaputsch'ebulia.

Abreise

▸ Ich reise / Wir reisen morgen ab.
ხვალ მე მივდივარ / ჩვენ მივდივართ.
chwal me miwdiwar / tschwen miwdiwart.

▸ Bis wann muss ich das Zimmer räumen?
როდისთვის უნდა დავცალო ოთახი?
rodißtwiß unda dawtzalo otachi?

▸ Wo kann ich das Gepäck aufbewahren?
სად შეიძლება ბარგის შენახვა?
ßad sche-idsleba bargiß schenachwa?

▸ Können Sie mir für ... Uhr ein Taxi bestellen?
შეგიძლიათ ... საათისთვის ტაქსი შემიკვეთოთ?
schegidsliat ... ßaatißtwiß takßi schemik'wetot?

▸ Wo hält der Bus von der Reisegesellschaft ...?
სად ჩერდება ... ტურისტული ჯგუფის ავტობუსი?
ßad tscherdeba ... t'urißt'uli dschgupiß awt'obußi?

▸ Fährt der Flughafenbus von hier ab?
აქედან გადის აეროპორტის ავტობუსი?
akedan gadiß aerop'ort'iß awt'obußi?

▸ Ich möchte meine Sachen aus dem Safe holen.
მე მინდა ჩემი ნივთების გამოტანა სეიფიდან.
me minda tschemi niwtebiß gamot'ana ße-ipidan.

▸ Kann ich bitte die Rechnung haben?
თუ შეიძლება, ანგარიში მომეცით.
tu sche-idsleba, angarischi mometzit.

▸ Bitte getrennte Rechnungen.
ცალ-ცალკე ანგარიში, თუ შეიძლება.
tzal-tzalk'e angarischi, tu sche-idsleba.

▸ Die Rechnung stimmt nicht.
ანგარიში სწორი არ არის.
angarischi stz'ori ar ariß.

▸ Vielen Dank für alles.
დიდი მადლობა ყველაფრისთვის.
didi madloba qwelaprißtwiß.

Wortliste: Unterkunft

Unterkunft	დაბინავება	dabinaweba
Abendessen	ვახშამი	wachschami
Aufzug	ლიფტი	lipt'i
Ausgang	გასასვლელი	gaßaßwleli
Badewanne	აბაზანა	abasana
Badezimmer	სააბაზანო	ßa-abasano
Beanstandung	პრეტენზია	p'ret'ensia

Bedienung	მომსახურება	momßachureba
Beleuchtung	განათება	ganateba
Bett	საწოლი	ßatz'oli
Bettdecke	საბანი	ßabani
Bettlaken	ზეწარი	setz'ari
Bettwäsche	თეთრეული	tetre-uli
bezahlen	გადახდა (ფულის)	gadachda (pulіß)
bügeln	გაუთოება	gautoeba
Dusche	შხაპი	schchap'i
Eingang	შესასვლელი	scheßaßwleli
Ermäßigung	შეღავათი / ფასდაკლება	scheghawati / paßdak'leba
Fenster	ფანჯარა	pandschara
Fernseher	ტელევიზორი	t'elewisori
Feuerlöscher	ცეცხლსაქრობი	tzetzchlßakrobi
Flur	დერეფანი	derepani
Frühstück	საუზმე	ßausme
Gepäck	ბარგი	bargi
Glühbirne	ნათურა	natura
Handtuch	პირსახოცი	p'irßachotzi
Internet	ინტერნეტი	int'ernet'i
Internetpasswort	ინტერნეტის კოდი	int'ernet'iß k'odi
Kinderbett	ბავშვის საწოლი	bawschwiß ßatz'oli
Kleiderbügel	ტანსაცმლის საკიდი	t'anßatzmliß ßak'idi
Kopfkissen	ბალიში	balischi
Kreditkarte	საკრედიტო ბარათი	ßak'redit'o barati
Kühlschrank	მაცივარი	matziwari
Lampe	ლამფა	lampa
Lärm	ხმაური	chmauri
Matratze	ლეიბი	le-ibi
Minibar	მინიბარი	minibari
Mittagessen	სადილი	ßadili
Parkplatz	პარკინგი	p'ark'ingi
Preis	ფასი	paßi
Rechnung	ანგარიში	angarischi
Reisebüro	სამოგზაურო ბიურო	ßamogsauro biuro
reservieren (Tisch)	შეკვეთა (მაგიდის)	schek'weta (magidiß)
Rezeption	მისაღები	mißaghebi

Safe	სეიფი	ße-ipi
Sauna	საუნა	ßauna
Schlüssel	გასაღები	gaßaghebi
schmutzig	ჭუჭყიანი	tsch'utsch'qiani
Schrank	კარადა	k'arada
Sessel	სავარძელი	ßawardseli
Speisekarte	მენიუ	meniu
Speisesaal	სასადილო ოთახი	ßaßadilo otachi
Spiegel	სარკე	ßark'e
Steckdose	როზეტი	roset'i
Stecker	შტეფსელი	scht'epßeli
Stockwerk	სართული	ßartuli
Stuhl	სკამი	ßk'ami
Swimmingpool	საცურაო აუზი	ßatzurao ausi
Taxi	ტაქსი	t'akßi
Telefon	ტელეფონი	t'eleponi
Tisch	მაგიდა	magida
Toilette	ტუალეტი	t'ualet'i
Toilettenpapier	ტუალეტის ქაღალდი	t'ualet'iß kaghaldi
Treppe	კიბე	k'ibe
Tür	კარი	k'ari
Übernachtung	ღამის გათევა	ghamiß gatewa
Vollpension	სრული პანსიონი	ßruli p'anßioni
Waschbecken	წყლის ბაკანი	tz'qliß bak'ani
Wäsche	სარეცხი	ßaretzchi
waschen (Wäsche)	რეცხვა	retzchwa
waschen (Hände)	დაბანა	dabana
Wasser (heißes)	წყალი (ცხელი)	tz'qali (tzcheli)
Wasser (kaltes)	წყალი (ცივი)	tz'qali (tziwi)
Wasserhahn	ონკანი	onk'ani
Wasserkocher	მადუღარა	madughara
WLAN	უკაბელო ინტერნეტი	uk'abelo int'ernet'i
Zimmer	ოთახი	otachi
Zimmer (im Hotel)	ნომერი	nomeri

Unterwegs in Tbilissi

U-Bahn, Bus, Linientaxi (Marschrutka)

Das Netz der U-Bahn besteht aus zwei Linien. Die Linie 1 (დიდუბე-სამგორი, Didube-Ssamgori, 20 km) verläuft über 16 Stationen. Die Linie 2 (საბურთალო, Ssaburtalo, 7 km) zweigt am Hauptbahnhof von der Linie 1 ab und endet in Ssaburtalo.

Die Züge verkehren zwischen 6 und 24 Uhr. Seit 2011 ist eine aufladbare Magnetkarte für die Nutzung der U-Bahn obligatorisch. Sie kann für zwei Lari Pfand am Schalter gekauft und dann aufgeladen werden. Das Ticket ist sowohl in der U-Bahn als auch in den Bussen gültig. Im Bus kann man auch Münzen passend in den Automaten werfen. In Tbilissi verkehren die Busse auf ca. 100 Linien.

U-Bahn-Station Rustaweli

Wenn Sie mit der U-Bahn unterwegs sind, achten Sie bitte auf die Durchsagen:

▸ Achtung. Türen schließen!
ფრთხილად! კარები იკეტება!
prtchilad! k'arebi ik'et'eba!

▸ Der nächste Halt ist ...
შემდეგი გაჩერებაა ...
schemdegi gatscherebaa ...

▸ Das Rauchen in U-Bahn ist verboten!
მეტროში მოწევა აკრძალულია!
met'roschi motz'ewa ak'rdsalulia!

▸ Der nächste Halt ist die Endstation. Bitte die Wagons verlassen!
შემდეგი გაჩერება ბოლო სადგურია. გთხოვთ, გაათავისუფლოთ ვაგონები!
schemdegi gatschereba bolo ßadguria. gtchowt gaatawißuplot wagonebi!

Linientaxis (მარშრუტკები – marschrut'k'ebi) sind Kleinbusse, die auf hundert ausgeschilderten Linien verkehren. Die Nummern der Linien sind mit denen der städtischen Busse nicht identisch. Der Fahrpreis liegt etwas höher als in den Linienbussen. Man bezahlt beim Aussteigen.

▸ Wo ist die nächste Bushaltestelle (Kleinbushaltestelle / U-Bahn-Station)?
სად არის უახლოესი ავტობუსის გაჩერება (მარშრუტკის გაჩერება / მეტროს სადგური)?
ßad arißuachloeßi awt'obußiß gatschereba (marschrut'k'iß gatschereba / met'roß ßadguri)?

▸ Von wo fährt der Bus / Kleinbus ab?
საიდან გადის ავტობუსი / მარშრუტკა?
ßaidan gadiß awt'obußi / marschrut'k'a?

▸ Welcher Bus fährt ins Zentrum / nach ...
რომელი ავტობუსი მიდის ცენტრამდე /...-მდე?
romeli awt'obußi midiß tzent'ramde / ...-mde?

Bushaltestelle

▸ Um wie viel Uhr fährt der letzte Bus nach …
რომელ საათზე გადის ბოლო ავტობუსი …-მდე?
romel ßaatse gadiß bolo awt'obußi …-mde?

▸ Können Sie mir helfen? Ich möchte bis / nach …
შეგიძლიათ მომეხმაროთ? მე მინდა წასვლა …-მდე / …-ში.
schegidsliat momechmarot? me minda tz'aßwla …-mde / …-schi.

▸ Können Sie mir sagen, wann ich aussteigen muss?
შეგიძლიათ მითხრათ, როდის უნდა ჩავიდე?
schegidsliat mitchrat, rodiß unda tschawide?

▸ Ich möchte eine Einzelkarte für Erwachsene / für Kinder.
მე მინდა ერთი ბილეთი სრულწლოვანისთვის / ბავშვისთვის.
me minda erti bileti ßrultz'lowanißtwiß / bawschwißtwiß.

Wortliste: Busfahren

aussteigen	ჩასვლა	tschaßwla
Bus	ავტობუსი	awt'obußi
Bushaltestelle	გაჩერება	gatschereba
Endstation	ბოლო გაჩერება	bolo gatschereba
entwerten	კომპოსირება	k'omp'oßireba
Fahrplan	განრიგი	ganrigi
Fahrpreis	მგზავრობის საფასური	mgsawrobiß ßapaßuri
Fahrschein	ბილეთი	bileti
halten	გაჩერება	gatschereba
Kleinbus	მარშრუტკა	marschrut'k'a
Richtung	მიმართულება	mimartuleba
Stadtzentrum	ქალაქის ცენტრი	kalakiß tzent'ri
umsteigen	გადაჯდომა	gadadschdoma

Unterwegs mit dem Taxi

Taxis bekommt man in Tbilissi problemlos. Laut einer neuen Verordnung sollten alle Taxis weiß lackiert und mit einem TAXI-Schild versehen sein. Meist gibt es im Taxi einen Taxameter, wenn nicht, sollten Sie unbedingt vorher den Preis erfragen, sonst könnte es für Sie eine unangenehme Überraschung geben.

▸ Können Sie mir ein Taxi bestellen?
შეგიძლიათ ტაქსი შემიკვეთოთ?
Schegidsliat t'akßi schemik'wetot?

▸ Ich möchte für morgen … Uhr ein Taxi bestellen.
ხვალ … საათისთვის ტაქსი მინდა შევუკვეთო.
chwal … ßaatißtwiß t'akßi minda schewuk'weto.

▸ Ich möchte bitte nach …
თუ შეიძლება …-ში მინდა.
tu sche-idsleba …-schi minda.

▸ Fahren Sie bitte zum Hotel … / Flughafen / Bahnhof.
თუ შეიძლება, სასტუმრო …-ში / აეროპორტში / სადგურში.
tu sche-idsleba ßaßt'umro …-schi / aerop'ort'schi / ßadgurschi.

▸ Fahren Sie mich bitte ins Stadtzentrum.
ქალაქის ცენტრში, თუ შეიძლება.
kalakiß tzent'rschi, tu sche-idsleba.

▸ Können Sie bitte kurz / 5 Minuten / 10 Minuten warten?
შეგიძლიათ ცოტა ხანი / ხუთი წუთი / ათი წუთი დამელოდოთ?
schegidsliat tzot'a chani / chuti tzt'uti / ati tz'uti damelodot?

▸ Wie viel kostet die Fahrt nach ...?
რა ღირს ...-მდე მგზავრობა?
ra ghirß ...-mde mgsawroba?

▸ Wie lange dauert die Fahrt?
რამდენ ხანში მივალთ?
ramden chanschi miwalt?

▸ Lassen Sie mich bitte hier aussteigen.
თუ შეიძლება, აქ გამიჩერეთ.
tu sche-idsleba, ak gamitscheret.

▸ Nein, hier nicht, bitte ein bisschen zurück / nach vorne fahren.
არა, აქ არა, თუ შეიძლება ცოტა უკან / წინ წადით.
ara, ak ara, tu sche-idsleba tzot'a uk'an / tz'in tz'adit.

Post, Bank und Polizei

Postamt

▸ Wo ist der nächste Briefkasten / das nächste Postamt?
სად არის უახლოესი საფოსტო ყუთი / უახლოესი ფოსტა?
ßad ariß uachloeßi ßapoßt'o quti / uachloeßi poßt'a?

▸ Was kostet ein Brief / eine Karte nach Deutschland / nach Österreich / in die Schweiz?
რა ღირს წერილის / ღია ბარათის გაგზავნა გერმანიაში / ავსტრიაში / შვეიცარიაში?
ra ghirß tz'eriliß / ghia baratiß gagsawna germaniaschi / awßt'riaschi / schwe-itzariaschi?

▸ Fünf Briefmarken, bitte.
ხუთი საფოსტო მარკა, თუ შეიძლება.
chuti ßapoßt'o mark'a, tu sche-idsleba.

▸ Ich möchte ein Päckchen aufgeben.
ამანათის გაგზავნა მინდა.
amanatiß gagsawna minda.

▸ Dieser Brief geht als Einschreiben.
ეს წერილი შეკვეთილი გაგზავნეთ.
eß tz'erili schek'wetili gagsawnet.

▸ Dieses Paket soll per Luftpost geschickt werden
ეს პაკეტი ავიაფოსტით უნდა გაიგზავნოს.
eß p'ak'et'i awiapost'it unda gaigsawnoß.

▸ Kann ich ein Fax von hier schicken?
შეიძლება აქედან ფაქსის გაგზავნა?
sche-idsleba akedan fakßiß gagsawna?

▸ Geht das als Päckchen oder ist es zu schwer?
შეიძლება ეს გაგზავნოთ როგორც ბანდეროლი, თუ ძალიან მძიმეა?
sche-idsleba eß gagsawnot rogortz banderoli, tu dsalian mdsimea?

▸ Können Sie mir helfen, das Formular auszufüllen?
შეგიძლიათ ფორმულარის შევსებაში დამეხმაროთ?
schegidsliat formulariß schewßebaschi damechmarot?

▸ Wie lange ist das Postamt heute geöffnet?
როდემდეა დღეს ფოსტა ღია?
rodemdea dgheß poßt'a ghia?

Wortliste: Post

Absender	გამგზავნი	gamgsawni
Adresse	მისამართი	mißamarti
Ansichtskarte	ღია ბარათი	ghia barati
Brief	წერილი	tz'erili
Briefkasten	საფოსტო ყუთი	ßapoßt'o quti
Briefmarke	საფოსტო მარკა	ßapoßt'o mark'a

Eilbrief	სასწრაფო წერილი	ßaßtz'rapo tz'erili
Einschreiben	შეკვეთილი წერილი	schek'wetili tz'erili
Empfänger	მიმღები, ადრესატი	mimghebi, adreßat'i
Fax	ფაქსი	fakßi
Luftpost	ავიაფოსტა	awiapoßt'a
Päckchen	ამანათი, ბანდეროლი	amanati, banderoli
Paket	პაკეტი, ამანათი	p'ak'et'i, amanati
Postamt	ფოსტა	poßt'a
Postkarte	ღია ბარათი	ghia barati

Telefonie und Internet

▸ Kann ich hier telefonieren?
შეიძლება აქედან დარეკვა?
sche-idsleba akedan darek'wa?

▸ Ich will nach Deutschland / Österreich / in die Schweiz telefonieren.
მე მინდა დავრეკო გერმანიაში / ავსტრიაში / შვეიცარიაში.
me minda dawrek'o germaniaschi / awßt'riaschi / schwe-itzariaschi.

▸ Ich hätte gern eine SIM-Karte für das georgische Netz.
მე მინდა სიმ-ბარათი ქართული ქსელისათვის.
me minda ßim-barati kartuli kßelißatwiß.

▸ Ich möchte mein Guthaben aufladen.
ბარათი მინდა დავტენო.
barati minda dawt'eno.

▸ Komme ich hier ins Internet?
არის აქ ინტერნეტი?
ariß ak int'ernet'i?

▸ Wo finde ich hier ein Internetcafé?
სად არის აქ ინტერნეტ-კაფე?
ßad ariß ak int'ernet'-k'afe?

▸ Was kosten 30 Minuten Internet?
რა ღირს ინტერნეტის ოცდაათი წუთი?
ra ghirß int'ernet'iß otzdaati tz'uti?

▸ Wo gibt es WLAN?
სად არის უკაბელო ინტერნეტი?
ßad ariß uk'abelo int'ernet'i?

▸ Kann ich Zugang zum Internet erhalten?
შემიძლია ინტერნეტში შესვლა?
schemidslia int'ernet'schi scheßwla?

Anmerkung: Eine georgische SIM-Karte kann sich auch bei kurzen Aufenthalten lohnen.

Wortliste: Telefonie und Internet

Anruf	დარეკვა	darek'wa
Computer	კომპიუტერი	k'omp'iut'eri
Display	დისპლეი	dißp'le-i
Mail	მეილი	me-ili
E-Mail-Adresse	იმეილის მისამართი	ime-ilíß mißamarti
Guthaben aufladen	ბარათის დატენვა	baratiß dat'enwa
Handy	მობილური	mobiluri
Handynummer	მობილურის ნომერი	mobiluriß nomeri
Internet	ინტერნეტი	int'ernet'i
Notebook	ნოუტბუკი	nout'buk'i
SIM-Karte	სიმ-ბარათი	ßim-barati
Skype	სკაიპი	ßk'aip'i
SMS	ესემესი	eßemeßi
Telefon	ტელეფონი	t'eleponi
Telefonnetz	სატელეფონო ქსელი	ßat'elepono kßeli
Telefonzelle	ტელეფონის ჯიხური	t'eleponiß dschichuri
USB-Stick	უესბე-ფლეშკა	ueßbe-fleschk'a
Webseite	ვებგვერდი	webgwerdi

In der Bank

▸ Wo ist hier ein Geldautomat?
სად არის აქ ფულის ავტომატი?
ßad ariß ak puliß awt'omat'i?

▸ Der Geldautomat hat meine Karte behalten.
ავტომატმა ჩემი ბარათი ჩაყლაპა.
awt'omat'ma tschemi barati tschaqlap'a.

▸ Meine Karte funktioniert nicht.
ჩემი ბარათი არ ფუნქციონირებს.
tschemi barati ar punktzionirebß.

▸ Ich habe meine Geheimzahl vergessen.
ჩემი პინი დამავიწყდა.
tschemi p'ini damawitz'qda.

▸ Kann ich hier 500 Euro wechseln?
შემიძლია აქ ხუთასი ევროს გადაცვლა?
schemidslia ak chutaßi ewroß gadatzwla?

▸ Ist der Betrag, den ich umtauschen darf, begrenzt?
რა თანხის გადაცვლა შეიძლება, ზღვარი არის დაწესებული?
ra tanchiß gadatzwla sche-idsleba, sghwari ariß datz'eßebuli?

▸ Ich möchte diesen Schein wechseln.
მე ამ კუპიურის გადაცვლა მინდა.
me am k'up'iuriß gadatzwla minda.

▸ Wie ist der Wechselkurs für Euro? (Verkauf)
როგორია ევროს გაცვლითი კურსი? (გაყიდვის)
rogoria ewroß gatzwliti k'urßi? (gaqidwiß)

▸ Wie ist der Wechselkurs für den georgischen Lari? (Ankauf)
როგორია ქართული ლარის გაცვლითი კურსი? (ყიდვის)
rogoria kartuli lariß gatzwliti k'urßi? (qidwiß)

▸ Ich brauche Münzen.
მე ხურდა ფული მჭირდება.
me churda puli mtsch'irdeba.

▸ Wie hoch sind die Gebühren?
გადასახადი რამდენია?
gadaßachadi ramdenia?

Wortliste: Bank

Deutsch	Georgisch	Umschrift
Bank	ბანკი	bank'i
Dollar	დოლარი	dolari
Euro	ევრო	ewro
Gebühr	გადასახადი	gadaßachadi
Geheimzahl, PIN	პინი	p'ini
Geld	ფული	puli
Geldautomat	ფულის ავტომატი	puliß awt'omat'i
Kleingeld	ხურდა ფული, წვრილი ფული	churda puli, tz'wrili puli
Kreditkarte	საკრედიტო ბარათი	ßak'redit'o barati
Münze	რკინის ფული / ხურდა ფული	rk'iniß puli / churda puli
Schalter	სარკმელი	ßark'meli
(Geld-)Schein	კუპიურა	k'up'iura
Schweizer Franken	შვეიცარული ფრანკი	schwe-itzaruli prank'i
Überweisung	გადარიცხვა	gadaritzchwa
umtauschen	გადაცვლა, გადახურდავება	gadatzwla, gadachurdaweba
Unterschrift	ხელმოწერა	chelmotz'era
Währung	ვალუტა	walut'a
Wechselkurs	გაცვლითი კურსი	gatzwliti k'urßi

Polizei

▸ Wo ist hier eine Polizeiwache?
სად არის აქ პოლიციის განყოფილება?
ßad ariß ak p'olitziiß ganqopileba?

▸ Gibt es hier jemanden, der Deutsch / Englisch spricht?
არის აქ ვინმე, ვინც გერმანულად / ინგლისურად ლაპარაკობს?
ariß ak winme, wintz germanulad / ingligurad lap'arak'obß?

▸ Ich habe meine(n) Portemonnaie / Reisepass verloren.
მე საფულე / პასპორტი დავკარგე.
me ßapule / p'aßp'ort'i dawk'arge.

▸ Wenn es / er gestohlen wurde, was soll ich machen?
თუ მოიპარეს, რა უნდა ვქნა?
tu moip'areß, ra unda wkna?

▸ *G:* Fragen Sie erst im Fundbüro nach.
ჯერ ნაპოვნი საგნების ბიუროში იკითხეთ.
dscher nap'owni ßagnebiß biuroschi ik'itchet.

▸ Im Fundbüro war ich schon, aber vergebens.
იქ უკვე ვიყავი, მაგრამ უშედეგოდ.
ik uk'we wiqawi, magram uschedegod.

▸ *G:* Dann füllen Sie bitte dieses Formular aus.
მაშინ შეავსეთ ეს ფორმა, თუ შეიძლება.
maschin scheawßet eß porma, tu sche-idsleba.

Name – Vorname – Geburtsdatum – Geburtsort – Staatsangehörigkeit – Reisepassnummer

გვარი – სახელი – დაბადების თარიღი – დაბადების ადგილი – მოქალაქეობა – პასპორტის ნომერი

gwari – ßacheli – dabadebiß tarighi – dabadebiß adgili – mokalakeoba – p'aßp'ort'iß nomeri

▸ Muss ich das wirklich alles ausfüllen? Bitte helfen Sie mir dabei!
მართლა უნდა შევავსო ეს ყველაფერი? მომეხმარეთ, თუ შეიძლება!
martla unda schewawßo eß qwelaperi? momechmaret, tu sche-idsleba!

▸ *G:* Wo wohnen Sie hier?
აქ სად ცხოვრობთ?
ak ßad tzchowrobt?

▸ *G:* Wir notieren Ihre Telefonnummer und rufen Sie an.
ჩვენ ჩავიწერთ თქვენი ტელეფონის ნომერს და დაგირეკავთ.
tschwen tschawitz'ert tkweni t'eleponiß nomerß da dagirek'awt.

▸ Hier ist es sehr laut. Da sind betrunkene Männer, die streiten.
აქ საშინელი ხმაურია, ვიღაცა მთვრალები ჩხუბობენ.
ak ßaschineli chma-uria, wighatza mtwralebi tschchuboben.

▸ *G:* Rufen Sie eine Patrouille an!
პატრული გამოიძახეთ!
p'at'ruli gamo-idsachet!

▸ Welche Nummer?
რა ნომერია?
ra nomeria?

▸ *G:* Die Nummer der Polizei lautet 112.
პოლიციის ტელეფონის ნომერია ას თორმეტი.
p'olitziiß t'eleponiß nomeria aß tormet'i.

Wortliste: Polizei

anrufen	დარეკვა	darek'wa
Anzeige	განცხადება	gantzchadeba
Dieb	ქურდი	kurdi
Diebstahl	ქურდობა	kurdoba
Fundbüro	ნაპოვნი საგნების ბიურო	nap'owni ßagnebiß biuro
Handtasche	ხელჩანთა	cheltschanta
Krach, Lärm	ხმაური	chma-uri
Patrouille	პატრული	p'at'ruli
Polizeiabteilung	პოლიციის განყოფილება	p'olitziiß ganqopileba
Polizist(in)	პოლიციელი	p'olitzieli
Portemonnaie	საფულე	ßapule
Reisepass	პასპორტი	p'aßp'ort'i
Schlafen	ძილი	dsili
Schrei, schreien	ყვირილი	qwirili
stehlen	მოპარვა	mop'arwa
Streit	ჩხუბი	tschchubi
Überwachungskamera	ვიდეოთვალთვალი	wideotwaltwali
verlieren	დაკარგვა	dak'argwa
Zeuge	მოწმე	motz'me

Einkaufen

Geschäfte

Die Geschäfte sind in der Regel Montag bis Sonntag von 10 bis 21 Uhr geöffnet. Die Öffnungszeiten findet man an der Eingangstür. Lebensmittelgeschäfte sind oft rund um die Uhr geöffnet.

... ist geöffnet	ღიაა	ghiaa
... ist geschlossen	დაკეტილია	dak'et'ilia

Wenn man ein bestimmtes Geschäft sucht, fragt man:

Wo ist hier ein(e) ...	სად არის აქ ...	ßad arіß ak ...

Antiquariat	ბუკინისტური მაღაზია	buk'inist'uri maghasia
Apotheke	აფთიაქი	aptiaki
Bäckerei	პურის მაღაზია	p'uriß maghasia
Bank	ბანკი	bank'i
Basar	ბაზარი	basari
Blumenladen	საყვავილე	ßaqwawile
Buchhandlung	წიგნების მაღაზია	tz'ignebiß maghasia
Drogerie[4]		
Elektrogeschäft	ელექტრომაღაზია	elekt'romaghasia
Flohmarkt	ძველმანების ბაზარი	dswelmanebiß basari
Juweliergeschäft	საიუველირო მაღაზია	ßaiuweliro maghasia
Kaufhaus	უნივერმაღი	uniwermaghi
Kiosk	კიოსკი / ჯიხური	k'ioßk'i / dschichuri
Konditorei	საკონდიტრო	ßak'ondit'ro
kulinarisches Geschäft	კულინარია	k'ulinaria
Lebensmittelladen	სასურსათო მაღაზია	ßaßurßato maghasia

4 *Anmerkung:* Eine direkte Entsprechung für Drogerien gibt es in Georgien nicht; Drogerieartikel sind teilweise in Apotheken erhältlich.

Markt	ბაზარი, ბაზრობა	basari, basroba
Milchladen	რძის მაღაზია	rdsiß maghasia
Möbelladen	ავეჯის მაღაზია	awedschiß maghasia
Optiker	ოპტიკა	op't'ik'a
Postamt	ფოსტა	poßt'a
Schreibwarenladen	საკანცელარიო	ßak'antzelario
Schuhgeschäft	ფეხსაცმლის მაღაზია	pechßatzmliß maghasia
Schuhreparaturen	ფეხსაცმლის სახელოსნო	pechßatzmliß ßacheloßno
Secondhand Shop	მეორადი ტანსაც-მლის მაღაზია	meoradi t'anßatzmliß maghasia
Souvenirladen	სუვენირების მაღაზია	ßuwenirebiß maghasia
Supermarkt	სუპერმარკეტი	ßup'ermark'et'i
Uhrmacher	მესაათე	meßaate
Wäscherei	სამრეცხაო	ßamretzchao
Weinladen	ღვინის მაღაზია	ghwiniß maghasia
Weinkeller	ღვინის სარდაფი	ghwiniß ßardapi
Weinkeller u. -laden	მარანი	marani
Weinkeller u. -laden	საჭაშნიკე	ßatsch'aschnik'e
Zeitungsladen	გაზეთების კიოსკი	gasetebiß k'ioßk'i

Nützliche Wörter bei der Orientierung im Geschäft:

dort	იქ	ik
hinten / ganz hinten	უკან / სულ უკან	uk'an / ßul uk'an
vorne / ganz vorne	წინ / სულ წინ	tz'in / ßul tz'in
im Regal	თაროზე	tarose
links	მარცხნივ	martzchniw
rechts	მარჯვნივ	mardschwniw
oben / ganz oben	ზემოთ / სულ ზემოთ	semot / ßul semot
unten / ganz unten	ქვემოთ / სულ ქვემოთ	kwemot / ßul kwemot
in der Mitte	შუაში	schuaschi

Weinkeller

Beim Einkaufen

▸ Was kostet das?
ეს რა ღირს?
eß ra ghirß?

▸ *G:* Wie viel / Wie viele möchten Sie davon?
აქედან / ეს რამდენი გნებავთ?
akedan / eß ramdeni gnebawt?

eine Dose	ერთი ქილა	erti kila
eine Flasche	ერთი ბოთლი	erti botli
ein Glas	ერთი ჭიქა	erti tsch'ika
200 Gramm	ორასი გრამი	oraßi grami
ein Kilo	ერთი კილო	erti k'ilo
ein halbes Kilo	ნახევარი კილო	nachewari k'ilo
einen Liter	ერთი ლიტრი	erti lit'ri
eine Packung	ერთი კოლოფი, შეკვრა	erti k'olopi, schek'wra

fünf Scheiben	ხუთი ნაჭერი	chuti natsch'eri
ein (zwei) Stück	ერთი (ორი) ცალი	erti (ori) tzali
eine Tüte	ერთი პარკი	erti p'ark'i

▶ Wo kann ich ... kaufen?
სად შეიძლება ...-ის ყიდვა?
ßad sche-idsleba ...-iß qidwa?

▶ Haben Sie ...?
... გაქვთ?
... gakwt?

▶ Ich hätte gern ...
მე მინდა ...
me minda ...

Wortliste: Lebensmittel

Lebensmittel	სურსათი	ßurßati
Aufschnitt	(თხელ ნაჭრებად) დაჭრილი	(tchel natsch'rebad) datsch'rili
Bier	ლუდი	ludi
Brot	პური	p'uri
Buchweizen	წიწიბურა	tz'itz'ibura
Butter	კარაქი	k'araki
Eier	კვერცხი	k'wertzchi
Eis	ყინული, ნაყინი	qinuli, naqini
Essig	ძმარი	dsmari
Fladenbrot	თონის პური, ლავაში	toniß p'uri, lawaschi
Gemüse	ბოსტნეული	boßt'ne-uli
Getränke	სასმელი	ßaßmeli
Gewürze	სანელებლები	ßaneleblebi
Joghurt	იოგურტი, მაწონი	iogurt'i, matz'oni
Kaffee	ყავა	qawa
Käse	ყველი	qweli
Konserven	კონსერვები	k'onßerwebi
Maismehl	სიმინდის ფქვილი	ßimindiß pkwili

Obstangebot auf einem Basar

Margarine	მარგარინი	margarini
Marmelade	ჯემი, მურაბა	dschemi, muraba
Milch	რძე	rdse
Nudeln	მაკარონი	mak'aroni
Obst	ხილი	chili
Reis	ბრინჯი	brindschi
Saft	წვენი	tz'weni
Salz	მარილი	marili
Speiseöl	საჭმლის ზეთი	ßatsch'mliß seti
Süßigkeiten	ტკბილეული	t'k'bile-uli
Honig	თაფლი	tapli
Zucker	შაქარი	schakari

Wortliste: Gemüse

Aubergine	ბადრიჯანი	badridschani
Beete	ჭარხალი	tsch'archali
Bohne	ლობიო	lobio
Gurke	კიტრი	k'it'ri
Karotte, Möhre	სტაფილო	ßt'apilo

Kartoffeln	კარტოფილი	k’artopili
Knoblauch	ნიორი	niori
Kohl	კომბოსტო	k’ombоßt’o
Kürbis	გოგრა	gogra
Paprika	წიწაკა	tz’itz’ak’a
Rettich	ბოლოკი	bolok’i
Spinat	ისპანახი	ißp’anachi
Tomate	პამიდორი	p’amidori
Zwiebel	ხახვი	chachwi

Wortliste: Nüsse

Erdnuss	მიწის თხილი	mitz’iß tchili
Haselnuss	თხილი	tchili
Kastanie	წაბლი	tz’abli
Mandel	ნუში	nuschi
Walnuss	ნიგოზი	nigosi

Verschiedene Nusssorten auf dem Markt

Wortliste: Obst

Apfel	ვაშლი	waschli
Beere	კენკრა	k'enk'ra
Brombeere	მაყვალი	maqwali
Erdbeere	მარწყვი	martz'qwi
Himbeere	ჟოლო	~~sch~~olo
Birne	მსხალი	mßchali
Feige	ლეღვი	leg~~h~~wi
Granatapfel	ბროწეული	brotz'e-uli
Kaki (Dattelpflaume)	ხურმა	churma
Kirsche	ბალი	bali
Mandarine	მანდარინი	mandarini
Melone	ნესვი	neßwi
Orange	ფორთოხალი	portochali
Pfirsich	ატამი	at'ami
Pflaume	ქლიავი	kliawi
Sauerkirsche	ალუბალი	alubali
Weintraube	ყურძენი	qurdseni
Wassermelone	საზამთრო	ßasamtro
Zitrone	ლიმონი	limoni

Kleidung

▸ *G:* Kann ich Ihnen helfen?
რით შემიძლია დაგეხმაროთ?
rit schemidslia dagechmarot?

▸ Ich suche ein Sommerkleid.
მე საზაფხულო კაბას ვეძებ.
me ßasapchulo k'abaß wedseb.

▸ *G:* Für Sie? Welche Größe? Welche Farbe?
თქვენთვის? რა ზომას? რა ფერს?
tkwentwiß? ra somaß? ra perß?

▸ Kann ich das anprobieren?
შეიძლება ეს მოვიზომო?
sche-idsleba eß mowisomo?

▸ Wo sind die Umkleidekabinen?
სად არის კაბინები?
ßad ariß k'abinebi?

▸ Das ist mir zu [1]klein / [2]groß / [3]eng / [4]weit / [5]lang / [6]kurz.
ეს [1]პატარა / [2]დიდი / [3]ვიწრო / [4]განიერი / [5]გრძელი / [6]მოკლე მაქვს.
eß [1]p'at'ara / [2]didi / [3]witz'ro / [4]ganieri / [5]grdseli / [6]mok'le makwß.

▸ *G:* Versuchen Sie dieses.
აბა ეს მოიზომეთ.
aba eß moisomet.

▸ Das passt mir nicht.
ეს არ მაქვს კარგად.
eß ar makwß k'argad.

▸ Das steht mir nicht.
ეს არ მიხდება.
eß ar michdeba.

▸ Das gefällt mir gut.
აი ეს მომწონს.
ai eß momtz'onß.

▸ Dieses hier ist zu teuer. Haben Sie es billiger?
ეს ძალიან ძვირია. უფრო იაფი არა გაქვთ?
eß dsalian dswiria. upro iapi ara gakwt?

▸ Ich möchte einen Anzug.
მე კოსტუმის ყიდვა მინდა.
me k'oßt'umiß qidwa minda.

▸ Läuft die Hose beim Waschen ein?
რეცხვის დროს შარვალი ჯდება?
retzchwiß droß scharwali dschdeba?

▸ Das ist zu ...	ეს არის ძალიან ...	eß ariß dsalian ...
breit	განიერი	ganieri
eng	ვიწრო	witz'ro
groß	დიდი	didi
klein	პატარა	p'at'ara

kurz	მოკლე	mok'le
lang	გრძელი	grdseli
weit	ფართო	parto

▸ Zeigen Sie mir eine Winterjacke.
მაჩვენეთ ზამთრის ქურთუკი.
matschwenet samtriß kurtuk'i.

▸ Der Pullover ist aus [1]Baumwolle / [2]Schafwolle / [3]Synthetik / [4]Wolle.
ეს ჯემპრი [1]ბამბისაა / [2]ცხვრის მატყლისაა / [3]სინთე-ტიკაა / [4]შალისაა.
eß dschemp'ri [1]bambißaa / [2]tzchwriß mat'qlißaa / [3]ßintet'ik'aa / [4]scha-lißaa.

▸ Dieser Pullover ist zu [1]dunkel / [2]hell / [3]bunt.
ეს ჯემპრი ძალიან [1]მუქია / [2]ღიაა / [3]ჭრელია.
eß dschemp'ri dsalian [1]muqia / [2]ghiaa / [3]tsch'relia.

▸ Ich möchte ein rotes Kleid für ein 10-jähriges Mädchen.
მე მინდა წითელი კაბა ათი წლის გოგოსთვის.
me minda tz'iteli k'aba ati tz'liß gogoßtwiß.

Wortliste: Farben

beige	ჩალისფერი	tschalißperi
blau	ცისფერი, ლურჯი	tzißperi, lurdschi
bläulich	მოლურჯო	molurdscho
braun	ყავისფერი	qawißperi
dunkelblau	ლურჯი	lurdschi
dunkelgrün	მუქი მწვანე	muki mtz'wane
dunkelrot	მუქი წითელი	muki tz'iteli
gelb	ყვითელი	qwiteli
gelblich	მოყვითალო	moqwitalo
grau	ნაცრისფერი	natzrißperi
grün	მწვანე	mtz'wane
hellblau	ცისფერი	tzißperi
hellgrau	ღია ნაცრისფერი	ghia natzrißperi
hellgrün	ღია მწვანე	ghia mtz'wane
lila, violett	იასამნისფერი, იისფერი	iaßamnißperi, iißperi

orange	ნარინჯისფერი	narindschißperi
rosa	ვარდისფერი	wardißperi
rot	წითელი	tz'iteli
rötlich	მოწითალო	motz'italo
schwarz	შავი	schawi
weiß	თეთრი	tetri

Wortliste: Kleidung

Anzug	კოსტუმი	k'ost'umi
Badeanzug	საცურაო კოსტუმი	ßatzurao k'ost'umi
Badehose	საბანაო ტრუსები	ßabanao t'rußebi
BH, Büstenhalter	ლიფი	lipi
Gürtel	ქამარი	kamari
Handschuhe	ხელთათმანები	cheltatmanebi
Hemd	პერანგი	p'erangi
Hose	შარვალი	scharwali
Jacke	ქურთუკი	kurtuk'i
Jeans	ჯინსები	dschinßebi
Kleid	კაბა	k'aba
Krawatte	ჰალსტუხი	halßt'uchi
Mantel	პალტო	p'alt'o
Mütze	ქუდი	kudi
Pullover	ჯემპრი	dschemp'ri
Regenmantel	საწვიმარი, პლაშჩი	ßatz'wimari, p'laschtschi
Rock	ქვედატანი, იუბკა	kwedat'ani, iubk'a
Schal	შალი	schali
T-Shirt	მაისური	maißuri
Weste	ჟილეტი	~~sch~~ilet'i

Schuhgeschäft

▸ Ich habe Schuhgröße 38.
ჩემი ფეხის ზომაა ოცდათვრამეტი.
tschemi pechiß soma-a otzdatwramet'i.

▸ Die Schuhe sind aus [1]Gummi / [2]Kunstleder / [3]Leder.
ეს ფეხსაცმელი [1]რეზინისაა / [2]ხელოვნური ტყავისაა / [3]ტყავისაა.
eß pechßatzmeli [1]resinißaa / [2]chelownuri t'qawißaa / [3]t'qawißaa.

▸ Diese Schuhe sind eine Nummer zu klein / zu groß.
ეს ფეხსაცმელი ერთი ნომრით პატარაა / დიდია.
eß pechßatzmeli erti nomrit p'at'araa / didia.

▸ Diese Schuhe haben einen sehr hohen / flachen Absatz.
ამ ფეხსაცმელს ძალიან მაღალი / დაბალი ქუსლი აქვს.
am pechßatzmelß dsalian maghali / dabali kußli akwß.

▸ Ich brauche ein Paar Pantoffeln.
მე ერთი წყვილი საშინაო ქოშები მჭირდება.
me erti tz'qwili saschinao koschebi mtsch'irdeba.

Wortliste: Schuhe

Pantoffeln	ქოშები	koschebi
Schuhe	ფეხსაცმელები	pechßatzmelebi
Bergschuhe	სამთო ფეხსაცმელები	ßamto pechßatzmelebi
Sandalen	სანდლები	ßandlebi
Sportschuhe	სპორტული ფეხსაცმელი	ßp'ort'uli pechßatzmeli
Socken	წინდები	tz'indebi
Stiefel	ჩექმები	tschekmebi
Gummistiefel	რეზინის ჩექმები	resiniß tschekmebi

Andenken und Schmuck

In Tbilissi findet man Souvenirs und Handwerkskunst in der Altstadt am Gorgassali-Platz. Unweit davon befindet sich der „Sayat Nova Souvenir Shop" mit Geschenken, Schmuck und Kunsthandwerk. Der größte und interessanteste Flohmarkt für ausländische Gäste ist der Flohmarkt მშრალი ხიდი –

mschrali chidi „Trockene Brücke“ (trocken, weil sie nicht über ein Gewässer führt). Dort gibt es praktisch alles von der Nadel bis zu Juwelierarbeiten.

▸ Wo ist hier ein Souvenirladen?
სად არის აქ სუვენირების მაღაზია?
ßad ariß ak ßuwenirebiß maghasia?

▸ Wo ist hier ein Juweliergeschäft?
სად არის აქ საიუველირო მაღაზია?
ßad ariß ak ßaiuweliro maghasia?

▸ Ich suche ein hübsches Geschenk.
მე რამე კარგ საჩუქარს ვეძებ.
me rame k’arg satschukarß wedseb.

▸ Haben Sie ein Armband?
სამაჯური გაქვთ?
ßamadschuri gakwt?

▸ *G:* Ja, wollen Sie eins aus Gold oder Silber?
დიახ, ოქროსი გნებავთ თუ ვერცხლის?
diach, okroßi gnebawt tu wertzchliß?

▸ Aus Silber.
ვერცხლის.
wertzchliß.

▸ Nein, das gefällt mir nicht. Haben Sie eins ohne Steine?
არა, ეს არ მომწონს. უთვლო არა გაქვთ?
ara, eß ar momtz’onß, utwlo ara gakwt?

Wortliste: Andenken und Schmuck

zum Andenken	სამახსოვროდ	ßamachßowrod
Anhänger	კულონი	k’uloni
Armband	სამაჯური	ßamadschuri
Armbanduhr	მაჯის საათი	madschiß ßa-ati
Bernstein	ქარვა	karwa
Diamant	ალმასი, ბრილიანტი	almaßi, briliant’i
Geschenk	საჩუქარი	ßatschukari

Halskette	მძივები	mdsiwebi
Ohrringe	საყურეები	ßaqureebi
Perlen	მარგალიტი	margalit'i
Ring	ბეჭედი	betsch'edi
Schmuck	სამკაული	ßamk'auli
aus Gold	ოქროს	okroß ßamk'auli
aus Silber	ვერცხლის	wertzchliß ßamk'auli
(Edel-)Stein	ძვირფასი ქვა, თვალი	dswirpaßi kwa, twali
Souvenir	სუვენირი	ßuweniri

Wortliste: Kosmetika

Deo	დეზოდორანტი	desodorant'i
Duschgel	შხაპის გელი	schchap'iß geli
Haarband	თმის ლენტი	tmiß lent'i
Haarspray	თმის სპრეი	tmiß ßp'rei
Haartrockner	თმის საშრობი	tmiß ßaschrobi
Handcreme	ხელის კრემი	cheliß k'remi
Hautcreme	სახის კრემი	ßachiß k'remi
für fettige Haut	ცხიმიანი კანისთვის	tzchimiani k'anißtwiß
für normale Haut	ნორმალური კანისთვის	normaluri k'anißtwiß
für trockene Haut	მშრალი კანისთვის	mschrali k'anißtwiß
Kamm	სავარცხელი	ßawartzcheli
Körperlotion	ლოსიონი	loßioni
Lippenstift	პომადა	p'omada
Nachtcreme	ღამის კრემი	ghamiß k'remi
Nagellack	ფრჩხილების ლაქი	prtschchilebiß laki
Parfüm	სუნამო	ßunamo
Pflaster	ლეიკოპლასტი	le-ik'op'laßt'i
Pinzette	პინცეტი	p'intzet'i
Puder	პუდრი	p'udri
Rasierer	საპარსი	ßap'arßi
Rasierschaum	საპარსი კრემი	ßap'arßi k'remi
Schminke	გრიმი	grimi
Seife	საპონი	ßap'oni

Shampoo gegen Schuppen	შამპუნი ქერტლის საწინააღმდეგო	schamp'uni kert'liß ßatz'inaaghmdego
Sonnencreme	მზის კრემი	msiß k'remi
Spiegel	სარკე	ßark'e
Tampon	ტამპონი	t'amp'oni
Taschentuch	ცხვირსახოცი	tzchwirßachotzi
Toilettenpapier	ტუალეტის ქაღალდი	t'ualet'iß kaghaldi
Watte	ბამბა	bamba
Wimperntusche	წამწამების ტუში	tz'amtz'amebiß t'uschi
Zahnbürste	კბილის ჯაგრისი	k'biliß dschagrißi
Zahnpasta	კბილის პასტა	k'biliß p'aßt'a
Zahnseide	კბილის ძაფი	k'biliß dsapi

Beim Friseur

▸ Kann ich einen Termin für morgen (für Freitag) bekommen?
ხვალ (პარასკევს) შეიძლება მოვიდე?
chwal (p'arask'ewß) sche-idsleba mowide?

▸ Muss ich lange warten?
დიდხანს უნდა ველოდო?
didchanß unda welodo?

▸ Leider habe ich sehr wenig Zeit.
სამწუხაროდ, ძალიან ცოტა დრო მაქვს.
ßamtz'ucharod, dsalian tzot'a dro makwß.

▸ Schneiden, waschen und föhnen, bitte.
თმის შეჭრა, დაბანა და გაშრობა მინდა.
tmiß schetsch'ra, dabana da gáschroba minda.

▸ Ich möchte mir die Haare färben.
თმის შეღებვა მინდა.
tmiß scheghebwa minda.

▸ *G:* Gefällt Ihnen diese Farbe?
მოგწონთ ეს ფერი?
mogtz'ont eß peri?

Ein Friseursalon in Tbilissi

▸ Bitte nur schneiden.
მხოლოდ შეჭრა მინდა.
mcholod schetsch'ra minda.

▸ *G:* Wie hätten Sie es denn gern?
როგორ გნებავთ შეჭრა?
rogor gnebawt schetsch'ra?

▸ Nicht zu kurz, bitte.
ძალიან მოკლედ არა, თუ შეიძლება.
dsalian mok'led ara, tu sche-idsleba.

▸ Etwas kürzer, bitte.
ცოტა უფრო მოკლედ.
tzot'a upro mok'led.

▸ Ganz kurz, bitte.
სულ მოკლედ.
ßul mok'led

Anzeige an einer Häuserwand: Ankauf von Naturhaar

▸ Ich kämme mich selbst.
მე თვითონ დავივარცხნი.
me twiton dawiwartzchni.

▸ Vielen Dank, so ist es gut.
დიდი მადლობა, ასე კარგია.
didi madloba, aße k'argia.

▸ Was bin ich Ihnen schuldig?
რამდენი უნდა გადავიხადო?
ramdeni unda gadawichado?

▸ ... Lari.
... ლარი.
... lari.

▸ Auf Wiedersehen.
ნახვამდის.
nachwamdiß.

Ein Friseur- und Kosmetiksalon in Tbilissi

Wortliste: Friseur

Friseur	პარიკმახერი	p'arik'macheri
Friseursalon	საპარიკმახერო	ßap'arik'machero
Frisur	ვარცხნილობა	wartzchniloba
Haare	თმები	tmebi
blond	ქერა	kera
braun	წაბლისფერი	tz'ablißperi
grau	ჭაღარა	tsch'aghara
schwarz	შავი	schawi
färben	შეღებვა	scheghebwa
föhnen	თმის გაშრობა	tmiß gaschroba
kämmen	დავარცხნა	dawartzchna
schneiden	შეჭრა	schetsch'ra
Schnitt	შეკრეჭილი თმა	schek'retsch'ili tma
Stufenschnitt	საფეხურებად შეჭრილი თმა	ßapechurebad schetsch'rili tma
Schuppen	ქერტლი	kert'li

Strähnchen	ზოლი თმაში	soli tmaschi
Tönung	შეფერილობა	scheperiloba
trocknen	გაშრობა	gaschroba
waschen	დაბანა	dabana

Beim Optiker

▸ Meine Brillengläser sind kaputt.
სათვალის მინები გამიტყდა.
ßatwaliß minebi gamit'qda.

▸ Können Sie mir neue Gläser einsetzen?
შეგიძლიათ ახალი მინები ჩამისვათ?
schegidsliat achali minebi tschamißwat?

▸ Können Sie diese Brille reparieren?
შეგიძლიათ ეს სათვალე შეაკეთოთ?
schegidsliat eß ßatwale scheak'etot?

▸ Ich bin kurzsichtig.
მე ახლომხედველი ვარ.
me achlomchedweli war.

▸ Ich bin weitsichtig.
მე შორსმხედველი ვარ.
me schorßmchedweli war.

▸ *G:* Wie viel Dioptrien haben Sie?
რამდენი დიოპტრი გაქვთ?
ramdeni diop't'ri gakwt?

▸ Ich habe links minus-3-Dioptrien und rechts plus-1-Dioptrien.
მარცხენა თვალზე მინუს სამი და მარჯვენაზე პლუს ერთი.
martzchena twalse minuß ßami da mardschwenase p'luß erti.

▸ Ich möchte / brauche eine Sonnenbrille.
მზის სათვალე მინდა / მჭირდება.
msiß ßatwale minda / mtsch'irdeba.

- Ich habe eine Kontaktlinse verloren.
მე ერთი ლინზა დამეკარგა.
me erti linsa damek'arga.

- Ich brauche Tageslinsen / Monatslinsen.
მე მჭირდება ერთი დღის / ერთი თვის ლინზები.
me mtsch'irdeba erti dghiß / erti twiß linsebi.

- Ich brauche Aufbewahrungslösung für Kontaktlinsen.
მე მჭირდება საკონტაქტო ლინზების შესანახი ხსნარი.
me mtsch'irdeba ßak'ont'akt'o linsebiß scheßanachi chßnari.

- Ich brauche Reinigungslösung für Kontaktlinsen.
მე მჭირდება საკონტაქტო ლინზების გასაწმენდი ხსნარი.
me mtsch'irdeba ßak'ont'akt'o linsebiß gaßatz'mendi chßnari.

- Ich habe harte / weiche Kontaktlinsen.
მე მაქვს მაგარი / რბილი საკოხტაქტო ლინზები.
me makwß magari / rbili ßak'ont'akt'o linsebi.

- Ich habe trockene Augen.
მე მშრალი თვალები მაქვს.
me mschrali twalebi makwß.

Wortliste: Optiker

Augen	თვალები	twalebi
Augenarzt	თვალის ექიმი	twaliß ekimi
Brille	სათვალე	ßatwale
Brillengläser	სათვალის მინები	ßatwaliß minebi
Brillenputztücher	სათვალის საწმენდი	ßatwaliß ßatz'mendi
Brillenrahmen	სათვალის ჩარჩო	ßatwaliß tschartscho
desinfizieren	დეზინფექცია	desinpektzia
Kontaktlinse	საკონტაქტო ლინზები	ßak'ont'akt'o linsebi
harte Linsen	მაგარი ლინზები	magari linsebi
weiche Linsen	რბილი ლინზები	rbili linsebi

kurzsichtig	ახლომხედველი	achlomchedweli
Lesebrille	კითხვის სათვალე	k'itchwiß ßatwale
Reinigungslösung	გასაწმენდი ხსნარი	gaßatz'mendi chßnari
Sonnenbrille	მზის სათვალე	msiß ßatwale
weitsichtig	შორსმხედველი	schorßmchedweli

Bücher

In Tbilissi findet man Bücher nicht nur in Buchläden, sondern auch einfach auf der Straße, wo außer älteren Publikationen sogar neue Bücher und Zeitungen verkauft werden.

Die Bücher und Zeitungen bzw. Zeitschriften sind auf Tischen und manchmal auch auf dem Bordsteinpflaster ausgestellt. Bücher werden auch in Unterführungen (z. B. bei der Iwane Dschawachischwili-Universität) oder auf dem Flohmarkt „Mschrali chidi“ zum Kauf angeboten.

▸ Wo gibt es hier die Belletristik?
სად იყიდება აქ ბელეტრისტიკა (მხატვრული ლიტერატურა)?
ßad iqideba ak belet'rißt'ik'a (mchat'wruli lit'erat'ura)?

▸ Ich suche einen [1]Roman / ein [2]Kinderbuch / einen [3]Krimi.
მე ვეძებ [1]რომანს / [2]საბავშვო წიგნს / [3]დეტექტივს.
me wedseb [1]romanß / [2]ßabawschwo tz'ignß / [3]det'ekt'iwß.

▸ Wo finde ich hier Sachbücher? Ich suche ein Kochbuch.
სად არის აქ სპეციალური ლიტერატურა? მე ვეძებ სამზარეულო წიგნს.
ßad ariß ak ßp'etzialuri lit'erat'ura? me wedseb ßamsareulo tz'ignß.

▸ Haben Sie englische / deutsche Bücher?
ინგლისური / გერმანული წიგნები გაქვთ?
inglißuri / germanuli tz'ignebi gakwt?

▸ Haben Sie eine deutsche Übersetzung des Rustaweli-Epos?
გაქვთ რუსთაველის პოემის გერმანული თარგმანი?
gakwt rußtaweliß p'oemiß germanuli targmani?

▸ Haben Sie einen Katalog der neuen Bücher?
ახალი წიგნების კატალოგი ხომ არ გაქვთ?
achali tz'ignebiß k'at'alogi chom ar gakwt?

▸ Ich möchte schön illustrierte Kinderbücher.
მე მინდა საბავშვო წიგნები კარგი ილუსტრაციებით.
me minda ßabawschwo tz'ignebi k'argi ilußt'ratziebit.

▸ Ich brauche ein deutsch-georgisches Wörterbuch.
მე მჭირდება გერმანულ-ქართული ლექსიკონი.
me mtsch'irdeba germanul-kartuli lekßik'oni.

Wortliste: Bücher

Buch	წიგნი	tz'igni
Belletristik	ბელეტრისტიკა	belet'rißt'ik'a
Bestseller	ბესტსელერი	beßt'ßeleri
Illustration	ილუსტრაცია	ilußt'ratzia
Kinderbuch	საბავშვო წიგნი	ßabawschwo tz'igni
Krimi	დეტექტივი	detekt'iwi
Literatur	ლიტერატურა	lit'erat'ura
Taschenbuch	რბილყდიანი წიგნი	rbilqdiani tz'igni
Wörterbuch	ლექსიკონი	lekßik'oni

Schreibwaren

▸ Ich hätte gerne einen Bleistift und einen Bleistiftspitzer.
მე მინდა ფანქარი და ფანქრების სათლელი.
me minda pankari da pankrebiß ßatleli.

▸ Ich hätte gerne 4 Ansichtskarten.
მე ოთხი ღია ბარათი მინდა.
me otchi ghia barati minda.

▸ Ich hätte gerne einen Briefumschlag.
ერთი კონვერტი მინდა.
erti k'onwert'i minda.

▸ Ich brauche dringend Papier.
საჩქაროდ ქაღალდი მჭირდება.
ßatschkarod kaghaldi mtsch'irdeba.

▸ Haben Sie [1]Kalender / [2]Klebstoff / [3]Kugelschreiber / [4]Notizbücher / [5]Radiergummis?
გაქვთ [1]კალენდარი / [2]წებო / [3]პასტა / [4]უბის წიგნაკი / [5]საშლელი?
gakwt [1]k'alendari / [2]tz'ebo / [3]p'aßt'a / [4]ubiß tz'ignak'i / [5]ßaschleli?

▸ Ich hätte gern einen Schreibblock.
მე მინდა საწერი ქაღალდების შეკვრა (ბლოკი).
me minda ßatz'eri kaghaldebiß schek'wra (blok'i).

▸ Haben Sie Tesafilm / einen Locher?
გაქვთ სკოჩი / ქაღალდის სახვრეტი?
gakwt ßk'otschi / kaghaldiß ßachwret'i?

▸ Ich hätte gerne Büroklammern.
მე მინდა ქაღალდების სამაგრი.
me minda kaghaldebiß ßamagri.

Wortliste: Schreibwaren

Ansichtskarte	ღია ბარათი	ghia barati
Bleistift	ფანქარი	pankari
Bleistiftspitzer	ფანქრის სათლელი	pankriß ßatleli
Briefumschlag	კონვერტი	k'onwert'i
Büroklammer	ქაღალდების სამაგრი	kaghaldebiß ßamagri
Filzstift	ფლომასტერი	plomast'eri
Kalender	კალენდარი	k'alendari
Taschenkalender	ჯიბის კალენდარი	dschibiß k'alendari
Klebstoff	წებო	tz'ebo
Kugelschreiber	პასტა	p'aßt'a
Landkarte	რუკა	ruk'a
Locher	ქაღალდის სახვრეტი	kaghaldiß ßachwret'i
Notizbuch	უბის წიგნაკი	ubiß tz'ignak'i
Ordner	საქაღალდე	ßakaghalde
Papier	ქაღალდი	kaghaldi
Radiergummi	საშლელი	ßaschleli
Schere	მაკრატელი	mak'rat'eli

Schreibblock	საწერი ქაღალდების ბლოკი	ßatz'eri ka~~gh~~aldebiß blok'i
Schreibwaren	საკანცელარიო საქონელი	ßak'antzelario ßakoneli
Tacker	სტეპლერი	ßt'ep'leri
Tesafilm	სკოჩი	ßk'otschi

Zeitungskiosk

▸ Wo ist hier ein Zeitungskiosk?
სად არის გაზეთების კიოსკი?
ßad ariß gasetebiß k'ioßk'i?

▸ Geben Sie mir die Zeitung von heute.
მომეცით დღევანდელი გაზეთი.
mometzit d~~gh~~ewandeli gaseti.

▸ Haben Sie auch deutsche oder englische Zeitungen?
გერმანული ან ინგლისური გაზეთებიც ხომ არა გაქვთ?
germanuli an inglißuri gasetebitz chom ara gakwt?

▸ Welche Sportzeitschriften haben Sie?
რომელი სპორტული ჟურნალები გაქვთ?
romeli ßp'ort'uli ~~sch~~urnalebi gakwt?

▸ Zeigen Sie mir bitte eine Modezeitschrift.
მოდების ჟურნალი მაჩვენეთ, თუ შეიძლება.
modebiß ~~sch~~urnali matschwenet, tu sche-idsleba.

Wortliste: Zeitung

Zeitschrift	ჟურნალი	~~sch~~urnali
Modezeitschrift	მოდების ჟურნალი	modebiß ~~sch~~urnali
Sportzeitschrift	სპორტული ჟურნალი	ßp'ort'uli ~~sch~~urnali
Zeitung	გაზეთი	gaseti
Zeitung von heute	დღევანდელი გაზეთი	d~~gh~~ewandeli gaseti

Kultur erleben

Sehenswürdigkeiten

In Tbilissi gibt es viel Sehenswertes, besonders in der Altstadt. Um dieses Stadtviertel zu besuchen, ist der Wachtang-Gorgassali-Platz (auch Meidan genannt) ein guter Ausgangspunkt. Bei einem Spaziergang z. B. durch die Schardeni-Straße, Schawteli-Straße, Erekle-II-Straße, Tschachruchadse-Straße, Ssioni-Straße findet man viele alte Kirchen, Museen und Häuser, aber auch gemütliche Cafés und Restaurants.

Gegenüber der ältesten Kirche der Stadt (Antschißchati-Kirche in der Schawteli-Straße) befindet sich das Marionettentheater von Rezo Gabriadze. Neben dem Theater steht ein Turm mit einer großen Wanduhr, bei deren Schlagen um jeweils 12 und 19 Uhr auf dem Balkon des Turms Puppen eine kleine Aufführung über das ganze Leben eines Menschen von der Geburt bis zum Tod vorspielen.

Sonnenuntergang in Tbilissi

Sehenswürdigkeiten gibt es natürlich nicht nur in der Altstadt, sondern auch anderswo in Tbilissi. Darüber konsultiere man die diversen Reiseführer, die sich auf die Sehenswürdigkeiten Tbilissis spezialisieren.

Spaziergang durch die Stadt

- Wann (Wo) beginnt die Stadtrundfahrt?

როდის (სად) იწყება ექსკურსია ქალაქის დასათვა-ლიერებლად?
rodiß (ßad) itz'qeba ekßk'urßia kalakiß daßatwaliereblad?

- Wie lange dauert die Stadtrundfahrt?

რამდენ ხანს გრძელდება ქალაქის დათვალიერება?
ramden chanß grdseldeba kalakiß datwaliereba?

- Wo gibt es hier die Touristeninformation?

სად არის ინფორმაცია ტურისტებისათვის?
ßad ariß inpormatzia t'urißt'ebißatwiß?

Aussicht auf Tbilissi

„Neu-Tiflis", renoviertes Viertel aus dem 19. Jh.

▸ Können Sie mir das auf dem Stadtplan zeigen?
შეგიძლიათ ეს ქალაქის გეგმაზე მაჩვენოთ?
schegidsliat eß kalakiß gegmase matschwenot?

▸ Gibt es einen Bus zum Ethnographischen Freilichtmuseum?
მიდის ავტობუსი ეთნოგრაფიულ მუზეუმამდე?
midiß awt'obußi etnograpiul muse-umamde?

▸ Wie komme ich von hier zum Zoo?
როგორ მივალ აქედან ზოოპარკამდე?
rogor miwal akedan soop'ark'amde?

Wortliste: Gebäude und Sehenswürdigkeiten in Tbilissi

Altstadt	ძველი თბილისი	dsweli tbilißi
Ausflug	ექსკურსია	eksk'urßia
Ausgrabungen	გათხრები	gatchrebi
Aussicht	ხედი	chedi
Ausstellung	გამოფენა	gamopena
Balkon	აივანი	a-iwani

Archäologische Ausgrabungen in Alt-Tbilissi

Besichtigung	დათვალიერება	datwaliereba
Bibliothek	ბიბლიოთეკა	bibliotek'a
Botanischer Garten	ბოტანიკური ბაღი	bot'anik'uri baghi
Brücke	ხიდი	chidi
Friedensbrücke	მშვიდობის ხიდი	mschwidobiß chidi
Burg	ციხესიმაგრე	tzicheßimagre
Denkmal	ძეგლი	dsegli
Denkmalschutz	ძეგლთა დაცვა	dseglta datzwa
Dom	ტაძარი	t'adsari
Sioni	სიონი	ßioni
Sameba	სამება	ßameba
Ethnographisches Freilichtmuseum	ეთნოგრაფიული მუზეუმი „ღია ცის ქვეშ"	etnograpiuli museumi „ghia tziß kwesch"
Fassade	ფასადი	paßadi
Fenster	ფანჯარა	pandschara
Festung	სიმაგრე	ßimagre
Festung Nariqala	ნარიყალა	nariqala

Balkons in Alt-Tbilissi

Fluss	მდინარე	mdinare
Fremdenführer	გიდი	gidi
Friedhof	სასაფლაო	ßaßaplao
Funikular (Standseilbahn)	ფუნიკულორი	punik'ulori
Fußgängerzone	საფეხმავლო ზონა	ßapechmawlo sona
Galerie	გალერეა	galerea
Blaue Galerie	ცისფერი გალერეა	tzißperi galerea
Garten	ბაღი	baghi
Gebäude	შენობა	schenoba
Gebirge	მთები	mtebi
Gedenkstätte	სახლ-მუზეუმი	ßachl-museumi
Gemäldesammlung	ნახატების კოლექცია	nachat'ebiß k'olektzia
Georgisches Nationalmuseum	საქართველოს მუზეუმი	ßakartweloß museumi
Glocke	ზარი	sari
Grab	საფლავი	ßaplawi
Haus	სახლი	ßachli
Hof	ეზო	eso

Die Friedensbrücke in Tbilissi

Statuen in Tbilissi

Fußgängerstraße in Alt-Tbilissi

Inschrift	წარწერა	tz'artz'era
Karawanserei	ქარვასლა	karwaßla
Katalog	კატალოგი	k'at'alogi
Kathedrale	საკათედრო ტაძარი	ßak'atedro t'adsari
Kirche	ეკლესია	ek'leßia
Kirchturm	სამრეკლო	ßamrek'lo
Kloster	მონასტერი	monaßt'eri
Konzerthalle	საკონცერტო დარბაზი	ßak'ontzert'o darbasi
Kreuz	ჯვარი	dschwari
Kunst	ხელოვნება	chelowneba
Kuppel	გუმბათი	gumbati
Kwaschweti-Kirche	ქაშვეთი	kaschweti
Landschaft	ლანდშაფტი	landschaft'i
Malerei	ფერწერა	pertz'era
Markt	ბაზარი	basari
Markthalle	დახურული ბაზარი	dachuruli basari
Mauer	გალავანი	galawani
Mtatsminda	მთაწმინდა	mtatz'minda

Kashweti-Kirche in Tbilissi

Mtatsminda-Pantheon	მთაწმინდის პანთეონი	mtatz'mindiß p'anteoni
Museum	მუზეუმი	museumi
Nationalpark	ეროვნული პარკი	erownuli p'ark'i
Naturschutzgebiet	ნაკრძალი	nak'rdsali
Oper	ოპერა	op'era
Palast	სასახლე	ßaßachle
Pantheon	პანთეონი	p'anteoni
Park	პარკი	p'ark'i
Parlament	პარლამენტი	p'arlament'i
Pass (Gebirge)	უღელტეხილი	ughelt'echili
Plakat	პლაკატი	p'lak'at'i
Platz	მოედანი	moedani
Prospekt (= Allee)	პროსპექტი	p'rosp'ekt'i
Rathaus	მერია	meria
Ruine	ნანგრევი	nangrewi
Rustaweli-Prospekt	რუსთაველის პროსპექტი	rustaweliß p'rosp'ekt'i
Rustaweli-Theater	რუსთაველის თეატრი	rustaweliß teat'ri

Badeviertel und Festung Nariqala in Tbilissi

Saal	დარბაზი	darbasi
Säule	სვეტი	ßwet'i
Schatzkammer	საგანძური	ßagandsuri
Schwefelbad	გოგირდის აბანო	gogirdiß abano
Schloss	სასახლე	ßaßachle
Schlucht	ხევი, ხეობა	chewi, cheoba
See	ტბა	t'ba
Schildkrötensee	კუს ტბა	k'uß t'ba
Sehenswürdigkeit	ღირსშესანიშნაობა	ghirßscheßanischnaoba
Seilbahn	საბაგირო	ßabagiro
Skulptur	ქანდაკება	kandak'eba
Springbrunnen	შადრევანი	schadrewani
Staatliches Georgisches Kunstmuseum	ხელოვნების მუზეუმი	chelownebiß museumi
Stadion	სტადიონი	ßtadioni
Stadtführung	ექსკურსია ქალაქში	eksk'urßia kalakschi
Stadtmauer	ქალაქის გალავანი	kalakiß galawani
Stadtteil	უბანი	ubani

Parlamentsgebäude in Tbilissi

Stadtzentrum	ქალაქის ცენტრი	kalakiß tzent'ri
Statue	ქანდაკება	kandak'eba
Stausee	წყალსაცავი	tz'qalßatzawi
Synagoge	სინაგოგა	ßinagoga
Tal	დაბლობი	dablobi
Theater	თეატრი	teat'ri
Tor	კარიბჭე	k'aribtsch'e
Touristeninformation	ინფორმაცია ტუ-რისტებისთვის	inpormatzia t'urist'ebißtwiß
Turm	კოშკი	k'oschk'i
Umgebung	შემოგარენი	schemogareni
Universität	უნივერსიტეტი	uniwerßit'et'i
Volkskundemuseum	ეთნოგრაფიული მუზეუმი	etnograpiuli museumi
Wald	ტყე	t'qe
Wandmalerei	კედლის მხატ-ვრობა, ფრესკა	k'edliß mchat'wroba, preßk'a
Wappen	გერბი	gerbi
Weinberg	ვენახი	wenachi
Zirkus	ცირკი	tzirk'i
Zoo	ზოოპარკი	soop'ark'i

Museen und Ausstellungen

Die Blaue Galerie, das Staatliche Kunstmuseum und das Museum der Modernen Kunst haben ständige und auch kurzfristige Ausstellungen. Das Georgische Nationalmuseum hat eine reichhaltige Schatzkammer mit einer Sammlung alter Goldschmiedekunst aus archäologischen Ausgrabungen in ganz Georgien.

Das Georgische Nationale Handschriftenzentrum zeigt oft Ausstellungen mittelalterlicher georgischer Handschriften.

▸ Wann kann ich die Ausstellung besichtigen?
როდის შეიძლება გამოფენის დათვალიერება?
rodiß sche-idsleba gamopeniß datwaliereba?

▸ Wann gibt es eine Führung durch das Museum?
როდის ტარდება ექსკურსია მუზეუმში?
rodiß t'ardeba eksk'urßia muse-umschi?

▸ Wann öffnet / schließt das Museum?
როდის იღება / იკეტება მუზეუმი?
rodiß igheba / ik'et'eba muse-umi?

▸ Das Museum ist heute geschlossen.
დღეს მუზეუმი დაკეტილია.
dgheß muse-umi dak'et'ilia.

▸ Was kostet der Eintritt für eine Person / ganze Familie?
რა ღირს შესვლა ერთი კაცისთვის / მთელი ოჯახისთვის?
ra ghirß scheßwla erti katzißtwiß / mteli odschachißtwiß?

▸ Gibt es eine Ermäßigung für [1]Kinder / [2]Studenten / [3]Rentner / [4]Behinderte / [5]Senioren / [6]Gruppen?
[1]ბავშვებისთვის / [2]სტუდენტებისთვის / [3]პენსიონერებისთვის / [4]ინვალიდებისთვის / [5]მოხუცებისთვის / [6]ჯგუფებისთვის / შეღავათები გაქვთ?
[1]bawschwebißtwiß / [2]ßt'udent'ebißtwiß / [3]p'enßionerebißtwiß / [4]inwalidebißtwiß / [5]mochutzebißtwiß / [6]dschgupebißtwiß / scheghawatebi gakwt?

Ausstellungssaal, Georgisches Museum für Bildende Kunst

▸ *G:* Eine Ermäßigung gibt es nur für Gruppen und Rentner.
შეღავათი გვაქვს მხოლოდ ჯგუფებისთვის და პენსიონერებისთვის.
scheghawati gwakwß mcholod dschgupebißtwiß da p'enßionerebißtwiß.

▸ Ist der Eintritt frei?
შესვლა თავისუფალია?
scheßwla tawißupalia?

▸ Ist fotografieren erlaubt?
ფოტოების გადაღება ნებადართულია?
pot'oebiß gadagheba nebadartulia?

▸ Was für ein (Wessen) Denkmal ist das?
ეს ვისი ძეგლია?
es wißi dseglia?

▸ Das Foto dieses Gemäldes gibt es auch im Katalog.
ამ სურათის ფოტო კატალოგშიც არის.
am ßuratiß pot'o k'at'alogschitz ariß.

▸ Stammt diese Handschrift wirklich aus dem 10. Jahrhundert?
ეს ხელნაწერი მართლა მეათე საუკუნისაა?
es chelnatz'eri martla meate ßauk'unißaa?

▸ Bis wann geht die Ausstellung?
როდის იხურება გამოფენა?
rodiß ichureba gamopena?

Wortliste: Museen und Ausstellungen

Ausstellung	გამოფენა	gamopena
Bildhauer	მოქანდაკე	mokandak'e
Eintritt	შესვლა	scheßwla
Eintritt frei	შესვლა თავისუფალია	scheßwla tawißupalia
Fotograf	ფოტოგრაფი	pot'ograpi
Fotografie	ფოტოგრაფია	pot'ograpia
Gemälde	ტილო	t'ilo
Handschrift	ხელნაწერი	chelnatz'eri
Handschriftensammlung	ხელნაწერთა კოლექცია	chelnatz'erta k'olektzia
Kasse	სალარო	ßalaro
Katalog	კატალოგი	k'at'alogi
Künstler	ხელოვანი	chelowani
Maler	მხატვარი	mchat'wari
Malerei	ფერწერა	pertz'era
Skulptur	სკულპტურა	sk'ulp't'ura
Zeichnung	ნახატი	nachat'i

Theater, Kino, Konzerte

Tbilissi bietet das ganze Jahr über ein reichhaltiges Programm an Aufführungen, ob im Staatlichen Sakaria-Paliaschwili-Theater für Oper und Ballett, im Konzertsaal des Musikzentrums oder im Konzertsaal der Philharmonie sowie auch in den verschiedenen Theatern: Rustaweli-Theater, Tumanischwili- oder Mardschanischwili-Theater, Reso Gabriadze Marionetten-Theater und in vielen mehr.

Haus des Kinos *(k'inoß ßachli)* und McDonald's in Tbilissi

▸ Haben Sie ein Veranstaltungsprogramm?
გაქვთ წარმოდგენების პროგრამა?
gakwt tz'armodgenebiß p'rograma?

▸ Welche Theaterstücke stehen auf dem Spielplan?
რომელი პიესები გაქვთ პროგრამაში?
romeli p'ießebi gakwt p'rogramaschi?

▸ Wann beginnt die Veranstaltung / die Aufführung / der Film?
როდის იწყება წარმოდგენა / სპექტაკლი / ფილმი?
rodiß itz'qeba tz'armodgena / ßp'ekt'ak'li / pilmi?

▸ Sind für heute Abend noch Plätze frei?
ამ საღამოსთვის არის თავისუფალი ადგილები?
am saghamoßtwiß ariß tawißupali adgilebi?

▸ Sind die Plätze nummeriert?
ადგილები დანომრილია?
adgilebi danomrilia?

Konzertsaal der Philharmonie

▸ Ab wann ist Einlass?
როდიდან იწყებენ შეშვებას?
rodidan itz'qeben scheschwebaß?

▸ Können Sie mir [1]eine Karte / [2]zwei / [3]drei / [4]vier Karten besorgen?
შეიძლება [1]ერთი / [2]ორი / [3]სამი / [4]ოთხი ბილეთი შემინახოთ?
sche-idsleba [1]erti / [2]ori / [3]ßami / [4]otchi bileti scheminachot?

▸ *G:* Für wann? Für heute Abend / Für morgen?
როდისთვის? ამ საღამოსთვის? ხვალისთვის?
rodißtwiß? am ßaghamoßtwiß? / chwalißtwiß?

▸ Ist die Garderobe kostenfrei?
გარდეროპი უფასოა?
garderobi upaßoa?

▸ Wo ist das Büfett? Im Foyer?
ბუფეტი სად არის? ფოიეში?
bufet'i ßad ariß? foieschi?

▸ Was läuft heute im Kino?
რა გადის დღეს კინოში?
ra gadiß dgheß k'inoschi?

▸ Wie viel kostet ein Ticket?
რა ღირს ბილეთი?
ra ghirß bileti?

▸ Gibt es unterschiedliche Preise?
სხვადასხვა ფასები გაქვთ?
ßchwadaßchwa paßebi gakwt?

▸ Ist der Film synchronisiert?
ფილმი დუბლირებულია?
pilmi dublirebulia?

▸ *G:* Nein, er hat englische Untertitel.
არა, ინგლისური სუბტიტრები აქვს.
ara, inglißuri ßubt'it'rebi akwß.

▸ Können Sie mir einen Film empfehlen?
რომელ ფილმს მირჩევდით?
romel pilmß mirtschewdit?

▸ Ich höre am liebsten [1]klassische Musik / [2]Jazz / [3]Volksmusik / [4]Rock.
მე [1]კლასიკური მუსიკის / [2]ჯაზის / [3]ხალხური მუსიკის / [4]როკის მოსმენა მიყვარს.
me [1]k'lasik'uri mußik'iß / [2]dschasiß / [3]chalchuri mußik'iß / [4]rok'iß moßmena miqwarß.

▸ Ich würde gern tanzen gehen. Gibt es eine Disco in der Nähe?
სიამოვნებით ვიცეკვებდი. აქ ახლო-მახლო დისკო ხომ არ არის?
ßiamownebit witzek'webdi. ak achlo-machlo dißk'o chom ar ariß?

Wortliste: Theater, Kino, Konzerte

Akt	მოქმედება	mokmedeba
Aufführung	წარმოდგენა	tz'armodgena
Aushang	განცხადება	gantzchadeba
Balkon	იარუსი	iarußi

Ballett	ბალეტი	balet'i
Chor	გუნდი	gundi
Club	კლუბი	k'lubi
Dirigent	დირიჟორი	diri~~sch~~ori
Disco	დისკო	dißk'o
Eingang	შესასვლელი	scheßaßwleli
Eintrittskarte	საშვი, ბილეთი	ßaschwi, bileti
Ende	დასასრული	daßaßruli
Film	ფილმი	pilmi
Foyer	ფოიე	foie
Galerie	გალერეა, ქანდარა	galerea, kandara
Garderobe	გარდერობი	garderobi
Garderobenmarke	გარდერობის ნომერი	garderobiß nomeri
Hauptrolle	მთავარი როლი	mtawari roli
Kino	კინო	k'ino
Kinofilm	კინოფილმი	k'inopilmi
Komponist	კომპოზიტორი	k'omp'osit'ori
Konzert	კონცერტი	k'onzert'i
Loge	ლოჟა	lo~~sch~~a
Mitte	შუა	schua
Musik	მუსიკა	mußik'a
Musiker(in)	მუსიკოსი	mußik'oßi
Notausgang	სათადარიგო გასასვლელი	ßatadarigo gaßaßwleli
Oper	ოპერა	op'era
Operette	ოპერეტა	op'eret'a
Orchester	ორკესტრი	ork'eßt'ri
Parkett	პარტერი	p'art'eri
Pause	შესვენება	scheßweneba
Platz	ადგილი	adgili
Premiere	პრემიერა	p'remiera
Regisseur	რეჟისორი	re~~sch~~ißori
Reihe	რიგი	rigi
Sänger(in)	მომღერალი	mom~~gh~~erali
Schauspieler(in)	მსახიობი	mßachiobi
Spielfilm	მხატვრული ფილმი	mchat'wruli pilmi
Solist(in)	სოლისტი	ßolißt'i

synchronisiert	სინქრონიზირებული, დუბლირებული	ßinkronisirebuli, dublirebuli
Tanz	ცეკვა	tzek'wa
Tänzer(in)	მოცეკვავე	motzek'wawe
Theaterstück	პიესა	p'ießa
Untertitel	სუბტიტრი	ßubt'it'ri
Vorhang	ფარდა	parda
Vorstellung	წარმოდგენა	tz'armodgena
Vorverkauf	წინასწარი გაყიდვა	tz'inaßtz'ari gaqidwa

Essen und Trinken

Im Restaurant

Die meisten Restaurants in Tbilissi (z. B. „Iberia" oder „Megrelebi") sowie in ganz Georgien sind gut oder ausgezeichnet. Auch sind die Gerichte preiswert (im Vergleich zu Deutschland). In Hotelrestaurants von Tbilissi und Batumi ist das Preisniveau allerdings ziemlich hoch. Trinkgelder (10 %) sind üblich.

▸ Bitte reservieren Sie uns einen Tisch für vier Personen gegen 20 Uhr.
თუ შეიძლება, დაგვიჯავშნეთ მაგიდა ოთხი კაცისთვის დაახლოებით რვა საათზე.
tu sche-idsleba dagwidschawschnet magida otchi k'atzißtwiß daachloebit rwa ßa-atse.

▸ Mein Name ist ...
ჩემი გვარია ...
tschemi gwaria ...

▸ Können Sie zwei Tische zusammenschieben?
შეგიძლიათ ორი მაგიდა ერთმანეთს მიადგათ?
schegidsliat ori magida ertmanetß miadgat?

▸ Können Sie uns bitte einen Kindersitz bringen?
შეიძლება ბავშვის სკამი მოგვიტანოთ?
sche-idsleba bawschwiß ßk'ami mogwit'anot?

▸ Bitte bringen Sie uns die Speisekarte.
თუ შეიძლება, მენიუ მოგვიტანეთ.
tu sche-idsleba meniu mogwit’anet.

▸ *G:* Was wünschen Sie?
რას ინებებთ?
raß inebebt?

▸ Haben Sie ein Tagesgericht?
დღევანდელი დღის მენიუ გაქვთ?
dghewandeli dghiß meniu gakwt?

▸ Ich esse kein Fleisch. Ich bin Vegetarier(in).
მე ხორცს არ ვჭამ, ვეგეტარიანელი ვარ.
me chortzß ar wtsch’am, weget’arianeli war.

▸ Ich bin Veganer(in).
მე ვეგანი ვარ.
me wegani war.

▸ Ich habe eine Allergie gegen [1]Milchprodukte / [2]Nüsse / [3]Honig.
მე ალერგიული ვარ [1]რძის პროდუქტებზე / [2]ნიგოზზე / [3]თაფლზე.
me alergiuli war [1]rdsiß p’rodukt’ebse / [2]nigos-se / [3]taplse.

▸ Können Sie mir etwas empfehlen?
შეგიძლიათ რამე მირჩიოთ?
schegidsliat rame mirtschiot?

▸ Welches sind die typischen Gerichte der georgischen Küche?
რომელი კერძებია ტიპიური ქართული სამზარეულოს-თვის?
romeli k’erdsebia t’ip’iuri kartuli ßamsare-uloßtwiß?

▸ Gibt es auch Kinderportionen?
საბავშვო პორციებიც გაქვთ?
ßabawschwo p’ortziebitz gakwt?

▸ Wir haben uns noch nicht entschieden.
ჩვენ ჯერ არ აგვირჩევია.
tschwen dscher ar agwirtschewia.

▸ Ich hätte gerne ...
მე მინდა ...
me minda ...

▸ Ich mag keinen Knoblauch. Können Sie das Gericht bitte ohne Knoblauch zubereiten?
მე არ მიყვარს ნიორი. შეგიძლიათ ეს კერძი უნივროდ მოამზადოთ?
me ar miqwarß niori. schegidsliat eß k'erdsi uniwrod moamsadot?

▸ Kann ich statt Kartoffeln Reis bekommen?
შეგიძლიათ კარტოფილის მაგივრად ბრინჯი მომიტა-ნოთ?
schegidsliat k'art'opiliß magiwrad brindschi momit'anot?

▸ *G:* Was möchten Sie trinken?
რას დალევთ?
raß dalewt?

▸ Bitte ein [1]Glas / eine [2]Flasche Wasser (Wein).
თუ შეიძლება ერთი [1]ჭიქა / [2]ერთი ბოთლი წყალი (ღვი-ნო).
tu sche-idsleba erti [1]tsch'ika / erti [2]botli ts'qali (~~gh~~wino).

▸ Welchen Wein empfehlen Sie mir?
რომელ ღვინოს მირჩევთ?
romel ~~gh~~winoß mirtschewt?

▸ Als Vorspeise hätte ich gerne Salat.
წასახემსებლად მე სალათა მინდა.
tz'aßachemßeblad me ßalata minda.

▸ Auf meinem Tisch fehlt [1]Salz / [2]Pfeffer / [3]Essig / [4]Öl.
ჩემს მაგიდაზე არ არის [1]მარილი / [2]პილპილი / [3]ძმარი / [4]ზეთი.
tschemß magidase ar ariß [1]marili / [2]p'ilp'ili / [3]dsmari / [4]seti.

▸ Ich möchte nur eine Kleinigkeit essen.
მე მცირე საუზმე მინდა.
me mtzire ßausme minda.

▸ **Gibt es etwas Warmes zu essen?**
ცხელი კერძები გაქვთ?
tzcheli k'erdsebi gakwt?

▸ **Als Nachspeise hätte ich gerne ein Vanilleeis (Schokoladeneis).**
დესერტად მე ვანილის (შოკოლადის) ნაყინი მინდა.
deßert'ad me waniliß (schok'oladiß) naqini minda.

▸ **Ich möchte zahlen.**
მიანგარიშეთ, თუ შეიძლება.
miangarischet, tu sche-idsleba.

▸ **Das ist für Sie.**
ეს თქვენთვის.
eß tkwentwiß.

Wortliste: Restaurant

Restaurant	რესტორანი	reßt'orani
Kinderstuhl	საბავშვო სკამი	ßabawschwo sk'ami
Speisekarte	მენიუ	meniu
Tisch	მაგიდა	magida
Besteck	დანა-ჩანგალი	dana-tschangali
Flasche	ბოთლი	botli
Gabel	ჩანგალი	tschangali
Glas	ჭიქა	tsch'ika
Löffel	კოვზი	k'owsi
Messer	დანა	dana
Serviette	ხელსახოცი	chelßachotzi
Tasse	ფინჯანი	pindschani
Teller	თეფში	tepschi

Wortliste: Speisekarte

Adschapßandali	აჯაფსანდალი	Gemüseeintopf mit Auberginen
Badridschani nigwsit	ბადრიჯანი ნიგვზით	Auberginen mit Walnuss
Basche	ბაჟე	Walnusssoße

Bosbaschi	ბოზბაში	Schafsfleischsuppe
Chartscho	ხარჩო	Rindfleischsuppe mit Reis und Walnuss
Chaschi	ხაში	Suppe aus Innereien und Füßen vom Rind
Chaschlama	ხაშლამა	gekochtes Rindfleisch
Chatsch'ap'uri	ხაჭაპური	Brotteig mit Käsefüllung
Chink'ali	ხინკალი	mit Hackfleisch und Soße gefüllte Teigtaschen
Ghomi (mit ßulguni)	ღომი (სულგუნით)	eine Art Maisbrei mit megrelischem Käse
Gupta	გუფთა	Hackfleisch mit Reis
Kababi	ქაბაბი	längliche Frikadelle mit Granatapfelkernen
K'up'at'i	კუპატი	gegrillte Würstchen
K'utsch'matsch'i	კუჭმაჭი	Innereien mit Paprika u. anderen Gewürzen
Lobio	ლობიო	Bohnengericht
Mtsch'adi	მჭადი	Maisbrot
Mtz'wadi	მწვადი	Schaschlik

Adschapßandali

Schaschlik

P(M)chali mit tsch'archali	ჭარხლის ფ(მ)ხალი	gekochte rote Beete mit Walnuss, Essig und Koriander
P(M)chali mit ißp'anachi	ისპანახის ფ(მ)ხალი	gekochter Spinat mit Walnuss, Essig und Koriander
Qaurma	ყაურმა	gebratenes Fleisch mit Zwiebeln
ßatziwi	საცივი	Huhn- od. Putenfleisch in kalter Soße mit Walnuss
ßatz'ebela	საწებელა	Soße aus Tomaten
T'abak'a	ტაბაკა	gebratenes Hähnchen in Granatapfelsoße
T'olma	ტოლმა	Hackfleisch mit Reis in Wein- oder Kohlblättern
T'qemali	ტყემალი	Soße aus gekochten Pflaumen
Tschachochbili	ჩახოხბილი	Geflügel mit Tomaten und Zwiebeln
Tschakapuli	ჩაქაფული	gewürztes Lammfleisch im Saft mit kleinen Pflaumen
Tschanachi	ჩანახი	Lammfleisch mit Gemüse
Tschichirtma	ჩიხირთმა	Hühnersuppe

Fisch	თევზი	tewsi
Forelle	კალმახი	k'almachi
Lachs	ორაგული	oraguli
Fischrogen, Kaviar	ხიზილალა	chisilala

Beilage	გარნირი	garniri
Butter	კარაქი	k'araki
Ei	კვერცხი	k'wertzchi
Gemüse	ბოსტნეული	bost'ne-uli
Gurke	კიტრი	k'it'ri
Karotte	სტაფილო	ßt'apilo

„Tschanachi“ (Lammfleisch mit Gemüse)

Kartoffel	კარტოფილი	k'art'opili
Käse	ყველი	qweli
Käsesorten:		
იმერული	imeruli (Käse aus Imeretien)	
თუშური	tuschuri (Käse aus Ostgeorgien)	
სულგუნი	ßulguni (Käse aus Megrelien)	
შებოლილი სულგუნი	schebolili ßulguni (brauner, geräucherter Käse)	
Knoblauch	ნიორი	niori
Koriander	ქინძი	kindsi
Kräuter	მწვანილი	mtz'wanili
Nudeln	მაკარონი	mak'aroni
Paprika	წიწაკა	tz'itz'ak'a
Petersilie	ოხრახუში	ochrachuschi
Pilze	სოკო	ßok'o
Pizza	პიცა	p'itza
Quark	ხაჭო	chatsch'o
Radieschen	ბოლოკი	bolok'i
Reis	ბრინჯი	brindschi
Tomate	პამიდორი	p'amidori

Zwiebel	ხახვი	chachwi
Essig	ძმარი	dsmari
Öl	ზეთი	seti
Salz	მარილი	marili
Pfeffer	პილპილი	p'ilp'ili
alkoholfreie Getränke	უალკოჰოლო სასმელები	ualk'oholo ßaßmelebi
Mineralwasser	მინერალური წყალი	mineraluri tz'qali
Bordschomi	ბორჯომი	bordschomi
Nabeghlawi	ნაბეღლავი	nabeghlawi
Limonade	ლიმონათი	limonati
Cola	კოლა	k'ola
Saft	წვენი	tz'weni
alkoholische Getränke	ალკოჰოლიანი სასმელები	alk'oholiani ßaßmelebi
Bier	ლუდი	ludi
Wein	ღვინო	ghwino
Wodka	არაყი	araqi
Kognak	კონიაკი	k'oniak'i
starker Schnaps (90%)	ჭაჭა	Tsch'atsch'a
Nachtisch	დესერტი	deßert'i
georgische Süßigkeiten	ტკბილეული	t'k'bileuli
Gosinaqi	გოზინაყი	Walnuss in Honig
Pelamuschi	ფელამუში	Brei aus gekochtem Traubensaft und Mehl
Tschurtschchela	ჩურჩხელა	auf einen Faden gezogene Nüsse in Pelamuschi
Kuchen	ნამცხვარი	namtzchwari
Ideal	იდეალი	ideali (Kuchen mit Walnuss u. Honig)
Kada	ქადა	kada (Kuchen mit Mehlschwitze)
Torte	ტორტი	t'ort'i
Eis	ნაყინი	naqini

Tschurtschchelas
auf dem Markt

Tee	ჩაი	tschai
Milch	რძე	rdse
Zucker	შაქარი	schakari
Kaffee	ყავა	qawa
Milchkaffee	რძიანი ყავა	rdsiani qawa
Cappuccino	კაპუჩინო	k’ap’utschino
Espresso	ესპრესო	eßp’reßo

Café und Konditorei

In Georgien gibt es viele gemütliche Cafés und Konditoreien, in denen man Kaffee, Tee oder Limonade trinken und Kleinigkeiten wie z. B. Chatschapuri oder Kuchen bekommen kann (siehe auch *Wortliste: Speisekarte*).

▸ Eine Tasse Kaffee bitte, mit Milch und Zucker.
ერთი ფინჯანი ყავა, თუ შეიძლება, რძით და შაქრით.
erti pindschani qawa, tu sche-idsleba, rdsit da schakrit.

▸ Eine Tasse türkischen Kaffee ohne Milch.
ერთი ფინჯანი თურქული ყავა, ურძეოდ.
erti pindschani turkuli qawa, urdseod.

▸ Ich möchte ein Stück Erdbeertorte.
მე ერთი ნაჭერი მარწყვის ტორტი მინდა.
me erti natsch'eri martz'qwiß t'ort'i minda.

Spezialisierte Speiselokale

Ssachinkle

(სახინკლე – ßachink'le)

Besonders beliebt ist auch das sogenannte ßachink'le, wo man für gewöhnlich Bier, Wein oder Wodka trinkt und Chinkali isst. Chinkali sind runde Teigtaschen gefüllt mit Hackfleisch und Soße. In wenigen Lokalen gibt es auch Chinkali mit Quark. Sie schmecken besonders gut mit Schmand (araschani).

Es gibt auch weitere Imbissstände wie სახაშე ßachasche, სალობიე ßalobie, სამწვადე ßamtz'wade, oder სახაჭაპურე ßachatsch'ap'ure.
Der ßachasche-Imbiss ist früh morgens geöffnet. Wenn man nachts viel getrunken hat, isst man in so einem ßachasche z. B. Chaschi und trinkt Tsch'atsch'a oder Wodka.
Im ßalobie kann man nicht nur Lobio (ein Bohnengericht), sondern auch Chatschapuri, Lobiani (ähnlich wie Chatschapuri, aber statt Käse mit Lobiofüllung), Mtschadi und Käse essen, und dazu Wein trinken.

Wie verhält man sich unter Einheimischen?

Zu Gast

Die Georgier sind sehr gastfreundlich. Das verdeutlicht schon das Sprichwort „სტუმარი ღვთისაა“ (ßt'umari ghwtißaa „ein Gast kommt von Gott“). Stets braucht der Georgier jemanden, in dessen Gesellschaft er essen und trinken kann. „Ein Mensch, der beim Essen allein ist, ist zu bemitleiden“, lautet ein altes georgisches Sprichwort. Deshalb ist es gut möglich, dass Sie eine Einladung zum Essen (bei einer Familie, in ein Restaurant oder in ein Café) bekommen. Falls Sie zum Abendessen bei einer Familie eingeladen sind, kommen Sie mindestens ein paar Minuten (oder besser 10–15 Minuten) zu spät. Die Schuhe brauchen Sie beim Betreten der Wohnung nicht auszuziehen. Sie können Blumen oder Schokolade für die Gastgeberin mitbringen, aber es ist nicht erforderlich.

Normalerweise sagt man bei Eintritt ins Haus:
„გამარჯობათ!“ (gamardschobat! „Guten Tag!“)

▸ Vielen Dank für die Einladung!
დიდი მადლობა მოწვევისთვის!
didi mádloba motz'wewißtwiß!

▸ *G:* Treten Sie ein!
მობრძანდით!
mobrdsandit!

▸ Wo kann ich meinen Mantel aufhängen?
პალტო სად დავკიდო?
p'alt'o ßad dawk'ido?

▸ Die Blumen sind für Sie / für die Frau des Hauses.
ეს ყვავილები თქვენთვის / დიასახლისისათვის.
eß qwawilebi tkwentwiß / diaßachlißißatwiß.

▸ Danke! / Vielen Dank!
გმადლობთ / დიდი მადლობა!
gmadlobt / didi mádloba!

Der Gastgeber macht den Gast mit Familienangehörigen oder mit anderen Gästen bekannt. Beim ersten Kennenlernen gibt man sich auch in Georgien die Hand.

▸ *G:* Darf ich vorstellen? Das ist meine Frau / mein Sohn / Das sind meine Freunde.
გაიცანით! ეს ჩემი მეუღლეა / ჩემი შვილია / ესენი ჩემი მეგობრები არიან.
gaitzanit! eß tschemi meughlea / tschemi schwilia / eßeni tschemi megobrebi arian.

▸ *G:* Unser Gast ist aus Deutschland / Österreich / der Schweiz.
ჩვენი სტუმარი არის გერმანიიდან / ავსტრიიდან / შვეიცარიიდან.
tschweni ßt'umari ariß germaniidan / awßt'riidan / schwe-itzariidan.

▸ *G*: Er ist zum ersten Mal in Georgien.
ის პირველად არის საქართველოში.
iß p'irwelad ariß ßakartweloschi.

Falls Sie ein paar Sätze Georgisch beherrschen, werden Ihre Gastgeber sehr erfreut sein. Es eignet sich am Anfang auch als Gesprächsthema, etwa:

▸ *G:* Wo und wie haben Sie Georgisch gelernt?
სად და როგორ ისწავლეთ ქართული?
ßad da rogor ißtz'awlet kartulí?

(Der Gast zeigt diesen Sprachreiseführer und sagt):

▸ Ich habe mit diesem Sprachreiseführer ein bisschen Georgisch gelernt.
მე ამ სასაუბროთი ცოტა ვისწავლე ქართული.
me am ßaßa-ubroti tzot'a wißtz'awle kártuli.

Am Anfang des Gesprächs können sich Gast und Gastgeber auch über das Wetter unterhalten:

▸ Es ist sehr kalt / sehr warm.
ძალიან ცივა / ძალიან ცხელა.
dsalian tziwa / dsalian tzchela.

Mit georgischen Speisen gedeckter Tisch

▸ Es regnet, mein ^{1}Mantel / ^{2}Hemd / ^{3}Anzug ist nass geworden.
წვიმს, ^{1}პალტო / ^{2}პერანგი / ^{3}კოსტუმი დამისველდა.
tz'wimß, ^{1}p'alt'o / ^{2}p'erangi / ^{3}k'oßt'umi damißwelda.

▸ *G:* Haben Sie keinen Regenschirm?
ქოლგა არა გაქვთ?
kolga ara gakwt?

▸ Doch, aber ich habe ihn zu Hause vergessen.
მაქვს, მაგრამ სახლში დამრჩა.
makwß, magram ßachlschi damrtscha.

Dann fragt man normalerweise, wie lange der Gast in Georgien bzw. in Tbilissi bleiben will:

▸ *G:* Wie lange bleiben Sie in Georgien / Tbilissi?
რამდენ ხანს რჩებით საქართველოში / თბილისში?
ramden chanß rtschebit ßakartweloschi / tbilißschi?

▸ Ich bleibe eine Woche in Tbilissi, danach fahre ich nach Batumi.
თბილისში ერთი კვირა ვიქნები, მერე ბათუმში მივდი-ვარ.
tbilißschi erti k'wira wiknebi, mere batumschi miwdiwar.

▸ *G:* Wie gefällt Ihnen Georgien / Tbilissi?
როგორ მოგწონთ საქართველო / თბილისი?
rogor mogtz'ont ßakartwelo / tbilißi?

▸ Sehr gut. Die Georgier sind wirklich nett.
ძალიან მომწონს. ქართველები კარგი ხალხია.
dsalian momtz'onß. kártwelebi k'argi chalchia.

Nach einem kurzen Gespräch werden alle Gäste zu Tisch geladen:

▸ *G:* Setzen wir uns doch zu Tisch, bitte!
ყველანი სუფრასთან, გთხოვთ!
qwelani ßupraßtan, gtchowt!

Der Tisch in Georgien ist schon gedeckt und voll mit Getränken und Gerichten, von denen heißer Chatsch'ap'uri (ხაჭაპური) eines der beliebtesten ist.

Beliebt ist auch heißer Mtsch'adi (Maisbrot) mit Käse, den man mit sog. Pchali (oder Mchali, eine Vorspeise aus verschiedenen Gemüsespezialitäten mit Walnuss) isst. Die georgische Küche mit ihren Gemüse- und Fleischgerichten ist weltweit bekannt.

Tischsitten

Zu einem georgischen Gastmahl gehört ein sogenannter თამადა Támada, der Trinksprüche ausbringt, für den Gesprächsverlauf sorgt und für die gute Laune der Gäste verantwortlich ist. In seinen Trinksprüchen lässt er die Gäste auf die georgische Heimat trinken und lobt dann der Reihe nach Gastgeber und Gäste sowie die übrigen Anwesenden (und bereits verstorbene Angehörige) und wünscht ihnen das, was ihnen am meisten zusagt. Er verhindert, dass Streitigkeiten ausbrechen und kümmert sich darum, dass alle genug zu trinken haben. Oft zitiert er in seinen Sprüchen bekannte Gedichtzeilen und fordert die Anwesenden auf, ihrerseits Trinksprüche auszubringen. Dafür überreicht er ihnen sein Trinkhorn. Natürlich muss auch der ausländische Gast einen passenden Trinkspruch parat haben.

Támada kann entweder der Gastgeber / die Gastgeberin sein oder eine andere Person, die am Gastmahl teilnimmt.

Am Anfang des Mahles sagt der Gastgeber / die Gastgeberin:

▸ Bedienen Sie sich!
მიირთვით!
miirtwit!

Der Tischnachbar des Gastes fragt ihn:

▸ Was wünschen Sie? / Was darf ich Ihnen anbieten?
რას ინებებთ? / რა შემოგთავაზოთ?
raß inebebt? / ra schemogtawasot?

▸ Mögen Sie [1]Fisch / [2]gebratene Kartoffeln / [3]Fleisch / [4]Chatschapuri?
ხომ არ ინებებთ [1]თევზს / [2]შემწვარ კარტოფილს / [3]ხორცს / [4]ხაჭაპურს?
chom ar inebebt [1]tewsß / [2]schemtz'war k'artopilß / [3]chortzß / [4]chatscha'p'urß?

Sie antworten mit:

▸ Danke, gerne.
(გ)მადლობთ, სიამოვნებით.
(g)madlobt, ßiamownebit.

▸ Danke, nein, ich esse kein Fleisch, ich bin Vegetarier.
არა, (გ)მადლობთ, მე ხორცს არ ვჭამ, ვეგეტარიანელი ვარ.
ara, (g)madlobt, me chortzß ar wtsch'am, weget'arianeli war.

▸ *G:* Dann probieren Sie Pchali.
მაშინ ფხალი მიირთვით / იგემეთ.
maschin pchali miirtwit / igemet.

▸ Gern! Danke! Reichen Sie mir bitte Salz / Paprika / …
სიამოვნებით! (გ)მადლობთ! თუ შეიძლება, მარილი / წიწაკა / … მომაწოდეთ.
ßiamownebit! (g)madlobt! tu sche-idsleba, marili / tz'itz'ak'a /… momatz'odet.

Folgendermaßen könnte kurz zusammengefasst so ein traditionelles Gastmahl mit einem Támada ablaufen:

Tamada (erhebt sich und sagt): გაუმარჯოს ჩვენს მშობლებს, ჯანმრთელობა და დღეგრძელობა მათ, ვინც ცოცხალია, საუკუნო ხსოვნა იყოს მათი, ვინც წასულია. ალავერდი შენთან, გიორგი!

ga-umardschoß tschwenß mschoblebß, dschanmrteloba da dghegrdseloba mat, wintz tzotzchalia, ßa-uk'uno chßowna iqoß mati, wintz tz'aßulia. alawerdi schentan, Giorgi!

Lange leben unsere Eltern, Gesundheit und langes Leben all denen, die noch am Leben sind, ewiges Gedenken jenen, die von uns gegangen sind! Ich erteile dir das Wort, Giorgi!

Der Tamada trinkt nach dem ersten Toast meistens aus einem ყანწი qantz'i (Trinkhorn) und zeigt dann das leere Trinkhorn vor, woraufhin er sagt: ასე მტერი დაგეცალოთ! aße mt'eri dagetzalot! (frei übersetzt: „So leer wie das Trinkhorn, sollt ihr eurer Feinde ledig sein!") Dann übergibt er dieses Trinkhorn dem erwähnten Giorgi, der nach seinem Spruch das qantz'i weitergeben kann, um alle Gäste daraus trinken zu lassen; aber dies ist nicht obligatorisch, sondern hängt vom Tamada ab.

Giorgi: ჩვენს მშობლებს გაუმარჯოს, ჩვენს წინაპრებს გაუმარჯოს, რომლებმაც თავისი ცხოვრებით, თავისი შრომით, თავდადებით, საფუძველი ჩაუყარეს ჩვენს აწმყოს და ჩვენს მომავალს. წასულებს იქ გაუმარჯოს, სადაც არიან, აქ კი მათი სამარადისო ხსოვნა იყოს. ალავერდი ჩვენს სტუმართან.

tschwenß mschoblebß ga-umardschoß, tschwenß tz'inap'rebß gaumardschoß, romlebmatz tawißi tzchowrebit, tawißi schromit, tawdadebit, ßapudsweli tschauqareß tschwenß atz'mqoß da tschwenß momawalß. tz'aßulebß ik gaumardschoß, ßadatz arian, ak k'i mati ßamaradißo chßowna iqoß! alawerdi tschwenß ßt'umartan.

Unsere Eltern sollen leben, unsere Ahnen sollen leben, die durch ihr Leben, ihre Werke, ihre Aufopferung die Grundlage legten für unsere Gegenwart und unsere Zukunft! Ein Hoch auf die Verstorbenen, wo auch immer sie jetzt sind! Hier aber sei ihnen ewiges Gedenken! Ich erteile das Wort unserem Gast.

Gast: გაუმარჯოს! მე პირველად ვარ ქართულ სუფრაზე და ვიცი მხოლოდ ეს სიტყვა. გაუმარჯოს! Prost!

ga-umardschoß! me p'irwelad war kartul ßuprase da witzi mcholod eß ßit'qwa. Ga-umardschoß! Prost!

Auf Ihr / euer Wohl! Ich bin zum ersten Mal auf einem georgischen Gastmahl und kenne nur dieses Wort. „ga-umardschoß". Prost! *(trinkt)*

Wenn man nicht trinken möchte, kann man sagen:

Ich trinke überhaupt nicht.

მე არ ვსვამ.

me ar wßwam.

Tamada: მეგობრებო, ახლა მინდა ჩვენი სტუმრის სადღეგრძელო შემოგთავაზოთ.

megobrebo, achla minda tschweni ßt'umriß ßadghegrdselo schemogtawasot.

Liebe Freunde, jetzt will ich einen Toast auf unseren Gast ausbringen.

ის პირველად არის საქართველოში, მაგრამ, როგორც ხედავთ, ცოტა უკვე ისწავლა ქართული და იმედია, მომავალშიაც ხშირად გვეწვევა და უფრო კარგად ისწავლის ჩვენს ენას.

iß p'irwelad ariß ßakartweloschi, magram, rogortz chedawt, tzot'a uk'we ißtz'awla kartuli da imedia, momawalschitz chschirad gwetz'wewa da upro k'argad ißtz'awliß tschwenß enaß.

Er ist zum ersten Mal in Georgien, aber, wie ihr seht, hat er schon ein wenig Georgisch gelernt und wir hoffen, dass er uns in Zukunft häufig besucht und unsere Sprache noch besser lernen wird.

ვუსურვოთ მას წარმატებები თავის საქმიანობაში და პირად ცხოვრებაში.

wußurwot maß tz'armat'ebebi tawiß ßakmianobaschi da p'irad tzchowrebaschi.

Wir wünschen ihm Erfolg in seinem Beruf und in seinem Privatleben.

Alle Anwesenden trinken auf den Gast, teils mit mehr oder weniger langen Trinksprüchen, teils prosten sie ihm nur zu.

Tamada: ახლა ვთხოვოთ სტუმარს დალიოს სამადლობელო!

achla wtchowot ßt'umarß dalioß ßamadlobelo!

Jetzt lasst uns unserem Gast noch Gelegenheit zu einem Dankestoast geben!

Gast: დიდი მადლობა ყველას ჩემი დღეგრძელობისათვის!

didi mádloba qwelaß tschemi d~~gh~~egrdselobißatwiß!

Vielen Dank für alles Gute, das ihr mir gewünscht habt!

Danach bringt der Tamada Trinksprüche auf weitere Anwesende aus, erst für die Damen (მანდილოსნები, mandiloßnebi), *dann für die Herren. Er kann die Gäste auch zu gemeinsamem Gesang animieren; alle singen dann z. B.* მრავალჟამიერ mrawalschamier.

Zum Schluss trinkt man auf die Gottesmutter Maria, zum Beispiel mit diesen Worten:

Tamada: ყოვლადწმინდას მადლი შეგვეწიოს ყველას!
qowladtz'mindaß madli schegwetz'ioß qwelaß!
Die Gnade der Allerheiligen Jungfrau möge uns alle beschützen!

Der obige Text gibt natürlich nur einen ganz kurzen Eindruck von einem Gastmahl unter dem Vorsitz eines Tamadas.

Nach einem Gastmahl bedanken sich die Gäste bei dem Gastgeber:

▸ Vielen Dank für den Abend / für die Bewirtung / für das gute Essen!
დიდი მადლობა ამ საღამოსთვის / გამასპინძლებისთვის / უგემრიელესი საჭმელისთვის!
didi madloba am ßaghamoßtwiß / gamaßp'indslebißtwiß / ugemrieleßi ßatsch'melißtwiß!

▸ Können Sie mir ein Taxi bestellen?
შეგიძლიათ ჩემთვის ტაქსი შეუკვეთოთ?
schegidsliat tschemtwiß takßi sche-uk'wetot?

▸ Wann und wo sehen wir uns wieder?
კიდევ როდის და სად ვნახავთ ერთმანეთს?
k'idew rodiß da ßad wnachawt ertmanetß?

▸ *G:* Hoffentlich bald, rufen Sie uns an, wenn Sie von Batumi wieder nach Tbilissi kommen.
იმედია მალე, დაგვირეკეთ, როცა ბათუმიდან თბილისში ჩამოხვალთ.
imedia male, dagwirek'et, rotza batumidan tbilißschi tschamochwalt.

▸ Schreiben Sie sich meine Telefonnummer auf.
ჩაიწერეთ ჩემი ტელეფონის ნომერი.
tschaitz'eret tschemi t'eleponiß nomeri.

▸ Meine Festnetznummer ist 223 28 93. Meine Handynummer ist 995 718 058.
ჩემი სახლის ნომერია 223 28 93, მობილურის - 995 718 058.
tschemi ßachliß nomeria 223 28 93 (ori-otzdaßami, otzdarwa, otchmotzdatzamet'i), mobiluriß – 995 718 058 (tzchra-tzchra-chuti, schwidi-erti-rwa, noli-chuti-rwa).

▸ Vielen Dank noch mal. Auf Wiedersehen!
კიდევ ერთხელ დიდი მადლობა, ნახვამდის!
k'idew ertchel didi madloba, nachwamdiß!

▸ Alles Gute!
კარგად ბრძანდებოდეთ!
k'argad brdsandebodet!

Hier eine Liste von Wörtern, die bei einem solchen Gastmahl wichtig sein können.

Wortliste: Besuch

besuchen	სტუმრობა	ßt'umroba
bewirten	გამასპინძლება	gamaßp'indsleba
Blumen	ყვავილები	qwawilebi
Dame	მანდილოსანი	mandiloßani
Dame, Frau	ქალბატონი	kalbat'oni
Familie	ოჯახი	odschachi
Gast	სტუმარი	ßt'umari
Gastgeber(in)	მასპინძელი	maßp'indseli
Gastgeschenk	საჩუქარი	ßatschukari
(Trink-)Glas	ჭიქა	tsch'ika
Hausherr	ოჯახის უფროსი	odschachiß uproßi
Hausherrin	დიასახლისი	diaßachlißi
Kleiderbügel	ტანსაცმლის საკიდი	t'anßatzmliß ßak'idi
Mineralwasser	მინერალური წყალი	mineraluri tz'qali
mitbringen	მოტანა	mot'ana
Mitbringsel	პატარა საჩუქარი	p'at'ara ßatschukari
Saft	წვენი	tz'weni
Tafel, gedeckter Tisch	სუფრა	ßupra

Toast	სადღეგრძელო	ßad~~gh~~egrdselo
trinken	დალევა	dalewa
Trinkgefäß	სასმისი	ßaßmißi
Trinkspruch	სადღეგრძელო	ßad~~gh~~egrdselo
Wein	ღვინო	~~gh~~wino

Wortliste: Gastmahl

ქეიფი	ke-ipi	Gastmahl, Schmaus
ალავერდი	alawerdi	Spruch, mit dem man jmdn. auffordert, aus demselben Trinkgefäß und auf denselben Toast zu trinken
გაუმარჯოს	gaumardschoß	Er / Sie lebe (hoch)! Zum Wohl!
დღეგრძელობა	d~~gh~~egrdseloba	langes Leben (Segenswunsch)
ადღეგრძელებს	ad~~gh~~egrdselebß	jmdm. ein langes Leben wünschen
თამადა	Tamada	Tischvorsitzender, Támada
ღვთის მადლი შეგეწიოს	ghwtiß madli schegetz'ioß	Die Gnade Gottes beschütze dich!
მრავალჟამიერი	mrawal~~sch~~ami-eri	mehrstimmiges Tischlied, mit dem man jmdm. ein langes Leben wünscht
მანდილოსანი	mandiloßani	Dame
სადღეგრძელო	ßad~~gh~~egrdselo	Trinkspruch, Toast
სამადლობელო	ßamadlobelo	Dankesworte als Antwort auf einen Toast
სამარადისო / საუკუნო ხსოვნა	ßamaradißo / ßauk'uno chßowna	ewiges Andenken
სუფრა	ßupra	Tafel, gedeckter Tisch; Tischdecke
ფ(მ)ხალი	p(m)chali	Gemüsespeise mit Walnuss

ყანწი	qantz'i	Trinkhorn
ყოვლადწმინდა	qowladtz'minda	Allerheilige Jungfrau (Maria)
წინაპარი	tz'inap'ari	Vorfahre, Ahn
ხაჭაპური	chatsch'ap'uri	georgisches Brot mit Käse (georg. Käsekuchen)
ხსოვნა	chßowna	Andenken, Gedenken
ჯანმრთელობა	dschanmrteloba	Gesundheit

Beim Gastmahl trinkt man in der Regel auch auf alle möglichen Familienangehörigen. Deshalb eine Wortliste mit den entsprechenden Wörtern, zunächst deutsch-georgisch, und danach georgisch-deutsch für diejenigen Verwandtschaftsbezeichnungen, für die es im Deutschen keine eigenen Wörter gibt.

Wortliste: Familie

Familie	ოჯახი	odschachi
Angehörige(r)	შინაური	schina-uri
Braut	საცოლე, პატარძალი	ßatzole, p'at'ardsali
Brautführer	ხელისმომკიდე, მეჯვარე	chelißmomk'ide, medschware
Bräutigam	საქმრო, სიძე	ßakmro, ßidse
Brautpaar	ნეფე-დედოფალი, სიძე-პატარძალი	nepe-dedopali, ßidse-p'at'ardsali
Bruder	ძმა	dsma
Cousin, Cousine	ბიძაშვილი, დეიდაშვილი, მამიდაშვილი	bidsaschwili, de-idaschwili, mamidaschwili
Ehepaar	ცოლ-ქმარი	tzol-kmari
Eltern	დედ-მამა, მშობლები	ded-mama, mschoblebi
Enkel(in)	შვილიშვილი	schwilischwili
Familienmitglieder	ოჯახის წევრები	odschachiß tz'ewrebi
Frau	ცოლი	tzoli

Gatte, Gattin	მეუღლე	me-ughle
Geschwister	და-ძმა, დედმამიშვილი	da-dsma, dedmamischwili
Großeltern	ბებია-ბაბუა	bebia-babua
Großmutter	ბებია, დიდედა	bebia, dideda
Großvater	ბაბუა, პაპა	babua, p'ap'a
Kind	შვილი, ბავშვი	schwili, bawschwi
Mann	ქმარი	kmari
Mutter	დედა	deda
Nachkomme	შთამომავალი	schtamomawali
Neffe	დისშვილი,	dißschwili (Kind der Schwester),
	ძმისშვილი	dsmißschwili (Kind des Bruders)
Onkel	ბიძა, ძია	bidsa, dsia
Pate, Patin	ნათლია	natlia
Patenkind	ნათლული	natluli
Schwager	მაზლი, ცოლის-ძმა, სიძე	masli, tzolißdsma, ßidse
Schwägerin	მული, ცოლის-და, რძალი	muli, tzolißda, rdsali
Schwester	და	da
Schwiegermutter	დედამთილი, სი-დედრი	dedamtili, ßidedri
Schwiegersohn	სიძე	ßidse
Schwiegertochter	რძალი	rdsali
Schwiegervater	მამამთილი, სი-მამრი	mamamtili, ßimamri
Sohn	ვაჟიშვილი	waschischwili
Stiefmutter	დედინაცვალი	dedinatzwali
Stiefvater	მამინაცვალი	maminatzwali
Tante	დეიდა,	de-ida (Mutters Schwester)
	მამიდა,	mamida (Vaters Schwester)
	ბიცოლა, ძალო	bitzola (Frau des Onkels), dsalo
Tochter	ქალიშვილი	kalischwili
Urgroßmutter	დიდი ბებია	didi bebia

Urgroßvater	დიდი ბაბუა	didi babua
Vater	მამა	mama
Verwandte(r)	ნათესავი	nateßawi
Verwandtschaft	სანათესაო	ßanateßao
Verlobte(r)	დანიშნული	danischnuli
Vorfahr	წინაპარი	tz'inap'ari
Waise	ობოლი	oboli
Witwe(r)	ქვრივი	kwriwi
Zwillinge	ტყუპები	t'qup'ebi
Zwilling(-sbruder, -sschwester)	ტყუპისცალი	t'qup'ißtzali

Wortliste: Spezifische georgische Verwandtschaftsbezeichnungen

ცოლ-შვილი	tzol-schwili	Frau und Kind
ქმარ-შვილი	kmar-schwili	Mann und Kind
დედმამიშვილი	dedmamischwili	Geschwister
პატარძალი	p'at'ardsali	Neuvermählte, Jungverheiratete
სიძე-პატარძალი	ßidse-p'at'ardsali	Brautpaar
ნეფე-დედოფალი	nepe-dedopali	Brautpaar
დედამთილი	dedamtili	Schwiegermutter (Mutter des Mannes)
მამამთილი	mamamtili	Schwiegervater (Vater des Mannes)
სიდედრი	ßidedri	Schwiegermutter (Mutter der Frau)
სიმამრი	ßimamri	Schwiegervater (Vater der Frau)
მული	muli	Schwägerin (Schwester des Mannes)
მაზლი	masli	Schwager (Bruder des Mannes)
ქვისლი	kwißli	Mann der Schwägerin (der Schwester der Frau)

მძახალი	mdsachali	Mutter oder Vater der Schwiegertochter oder des Schwiegersohnes
ნათლიდედა	natlideda	Mutter des Patenkindes
ნათლიმამა	natlimama	Vater des Patenkindes
რძალ-დედამთილი	rdsal-dedamtili	Schwiegertochter und Schwiegermutter
ცოლისდა	tzolißda	Schwester der Ehefrau
ცოლისძმა	tzolißdsma	Bruder der Ehefrau

Sehr oft gehören in Georgien zu den Angehörigen der Familie auch die Nachbarn, besonders die Wohnungsnachbarn:

Nachbar	მეზობელი	mesobeli
Wohnungsnachbar	კარის მეზობელი	k'ariß mesobeli

Unterwegs in Georgien

Auskunft im Reisebüro

In Reiseführern, die in Georgien erhältlich sind, sowie auf allen Karten sind die Orts- und Straßenbezeichnungen englisch transkribiert (also z. B. *Akhaltsikhe* statt *Achaltziche* wie in diesem Sprachreiseführer), woraus man ersieht, dass die englische Transkription sich von der hier verwendeten Umschrift unterscheidet; eine Übersicht für sowohl die englische Transkription als auch die in diesem Sprachreiseführer verwendete Umschrift gibt es im Kapitel „Das Land" unter „Die georgische Schrift und Transkription" (siehe S. 24–26).

▸ Gibt es individuelle Touren für große und kleine Gruppen?
აწყობთ ინდივიდუალურ ექსკურსიებს დიდი და პატარა ჯგუფებისთვის?
atz'qobt indiwidualur ekßk'urßiebß didi da p'at'ara dschgupebißtwiß?

▸ Haben Sie deutschsprachige Führungen?
გყავთ გერმანულენოვანი გიდები?
gqawt germanulenowani gidebi?

▸ Ich will Mtzcheta besichtigen.
მე მცხეთის დათვალიერება მინდა.
me mtzchetiß datwaliereba minda.

Sehenswürdigkeiten im Land

Es gibt viele Sehenswürdigkeiten sowohl in Ost-, als auch in Westgeorgien.

Zahlreiche Kloster und Kirchen des Mittelalters findet man in allen Regionen Georgiens. Diese Regionen, oft ehemalige Königreiche oder Fürstentümer, tragen noch die alten Namen, die man auf dieser Karte sehen kann:

Die Provinzen Georgiens. Auf der Karte sind die Namen der georgischen Städte und Provinzen nach englischer Weise transkribiert. Die beiden grau unterlegten Provinzen Abchasien (georg.: Apchaseti) und das sog. Süd-Ossetien (ursprünglich Schida-Kartli, „Inneres Kartli“, zur Provinz Kartlien gehörig) sind zurzeit von Russland besetzt.

Hauptbahnhof von Bordschomi

In Ostgeorgien liegt Kartlien (Kartli) mit den Städten Tbilissi, Mtzcheta, Gori, Rustawi u.a. Die Provinz Kachetien (Kacheti) befindet sich ebenfalls in Ostgeorgien mit den Städten Telawi, Sighnaghi, Lagodechi u.a. Auch die Bergregionen Tuschetien (Tuscheti), Chewßuretien (Chewßureti), Mtiuleti, Pschawi und Gudamaqari gehören zu Ostgeorgien.

An der Grenze zwischen Ost- und Südgeorgien (Ssamtzche-Dschawacheti) liegt der Kurort Bordschomi.

Zu Südgeorgien gehören die Städte Achalkalaki sowie Achaltziche, in deren Nähe sich das berühmte Höhlenkloster Wardsia (12. Jh.) befindet.

Zu Westgeorgien gehören die Provinz Imeretien (Imereti) samt der Hauptstadt Kutaissi, dann die Region Ratscha-Letschchumi mit den Städtchen Oni und Ambrolauri, im Nordwesten schließlich Swanetien (Sswaneti) mit der Stadt Mestia. Ebenfalls zu Westgeorgien gehören Megrelien (Ssamegrelo) mit der Hauptstadt Sugdidi und der Hafenstadt Poti und im Südwesten Gurien (Guria) und die autonome Republik Adscharien (Atschara აჭარა) mit den Städten Batumi und Kobuleti, die an der Küste des Schwarzen Meeres liegen.

Sehenswürdigkeiten in Ostgeorgien, Kartlien (Kartli)

Viele Besucher kommen nach Georgien, um seine alte Kultur kennenzulernen und alte Klöster und Kirchen zu besichtigen. Diesem Personenkreis kann man empfehlen, nach der Hauptstadt Tbilissi und seinen Sehenswürdigkeiten die alte Hauptstadt Mtzcheta zu besuchen, in der man nicht nur den berühmten Dom სვეტიცხოველი (ßwet'itzchoweli) und das Kloster ჯვარი (Dschwari) besichtigen kann, sondern auch die Armasi-Festung არმაზის ციხე (Armasiß tziche), in deren Nähe sich unter den Ruinen des Schlosses ein Säulensaal und ein römisches Bad befinden. Sie gehen auf die Zeit nach der Zerstörung Mtzchetas durch Pompeius im Jahre 65 v. Chr. zurück. Sehenswert in Mtzcheta sind auch das Frauenkloster სამთავრო (ßamtawro) sowie die Überreste des Palastes von König Mirian (4. Jh. n. Chr.), unter dem das Christentum zur Staatsreligion wurde. Hier findet man auch eine kleine Kapelle, den ersten christlichen Sakralbau in Georgien. Es lohnt sich, vor der Abreise aus Mtzcheta noch das Kloster შიო მღვიმე (Schio mghwime, 6. Jh.) und den Berg ზედაზენი (Sedaseni) mit der Basilika auf seinem Gipfel zu besuchen. Von dort hat man eine beeindruckende Sicht auf die Gebirgs- und Flusslandschaft, besonders bei Sonnenaufgang.

Wer sich für sowjetische Geschichte interessiert, kann in Stalins Geburtsstadt Gori das Stalin-Museum besuchen, das Haus, in dem Stalin geboren wurde. Außerdem ist dort der gepanzerte Salonwagen Stalins abgestellt. Bei vorheriger Anmeldung sind auch deutschsprachige Führungen möglich.

12 Kilometer östlich von Gori am Ufer der Mtkwari liegt die Höhlenstadt Uplistziche (wörtl. „Gottesfestung“).

Sehenswert in Kartlien sind auch u.a. die Kirchen Ateni und Kintzwissi mit ihren wunderschönen Wandmalereien. Aber Sie sollten sich lieber vor der Reise nach Georgien einen Reiseführer kaufen, von denen es inzwischen zahlreiche gibt. Im Folgenden finden Sie einige Fragen und Antworten, die bei der Besichtigung dieser Orte von Nutzen sein können.

▸ Wo fahren wir hin?
სად მივდივართ?
ßad miwdiwart?

▸ Wie viele Kilometer sind es bis Mtzcheta / Gori?
რამდენი კოლომეტრია მცხეთამდე / გორამდე?
ramdeni k'ilomet'ria mtzchetamde / goramde?

▸ Darf man hier fotografieren?
შეიძლება აქ ფოტოების გადაღება?
sche-idsleba ak pot'oebiß gadagheba?

Mündung des Aragwi in den Mtkwari bei Mtzcheta

Das Stalin-Museum (Stalins Geburtshaus) in Gori

Stalins Salonwagen

Die Höhlenstadt Uplistziche aus vorchristlicher Zeit

▸ In welchem Jahrhundert wurde diese Kirche erbaut?
რომელ საუკუნეშია ეს ეკლესია აშენებული?
romel ßauk'uneschia eß ek'leßia aschenebuli?

▸ Mich interessiert alles über Georgien.
საქართველოს შესახებ ყველაფერი მაინტერესებს.
ßakartweloß scheßacheb qwelaperi maint'ereßebs.

▸ Wer war der letzte König Georgiens? Die letzte Königin?
ვინ იყო საქართველოს უკანასკნელი მეფე? უკანასკნელი დედოფალი?
win iqo ßakartweloß uk'anask'neli mepe? uk'anask'neli dedopali?

▸ Wohin fahren wir nächsten Samstag?
სად მივდივართ შემდეგ შაბათს?
ßad miwdiwart schemdeg schabatß?

▸ Wie weit ist es von Tbilissi nach Borjomi?
რა მანძილია თბილისიდან ბორჯომამდე?
ra mandsilia tbilißidan bordschomamde?

Dorf Iucho, Mtiuleti

Dschwari-Kirche in Mtzcheta

▸ Wie viel Zeit brauchen wir bis Gori?
გორში რამდენ ხანში ვიქნებით?
gorschi ramden chanschi wiknebit?

▸ Wie hoch ist dieser Berg?
რამსიმაღლეა ეს მთა?
ramßimaghlea eß mta?

▸ Können Sie mir diese Inschrift übersetzen?
შეგიძლიათ ეს წარწერა გადამითარგმნოთ?
schegidsliat es tz'artz'era gadamitargmnot?

▸ Wurde dieses Werk ins Deutsche übersetzt?
არის ეს ნაშრომი გერმანულად თარგმნილი?
arіß eß naschromi germanulad targmnili?

Ausflüge von Tbilissi aus mit Marschrutkas und Bussen

Das wichtigste Transportmittel über Land ist die sog. Marschrutka – der Kleinbus. Die Marschrutkas fahren in verschiedene Richtungen von verschiedenen Metrostationen aus – so fahren beispielsweise von der Metrostation Didube die Marschrutkas alle 15 Minuten nach Mtzcheta. Die Fahrt dauert ca. 45 Minuten. Einmal stündlich fahren auch Busse nach Mtzcheta.
Man kann auch mit Marschrutkas und Bussen nach Gori fahren.

Ab der Metrostation Didube fahren die Marschrutkas auch in die Bergprovinzen Pschawi, Chewssureti, Chewi, Mtiuleti, Gudamaqari, z. B. zu den Kurorten Passanauri, Gudauri (Fahrzeit ca. 3 Stunden) und Sstepantzminda (Fahrzeit 3,5 Stunden). Unter diesen Bergkurorten ist Gudauri der berühmteste Winterkurort.

Bei den Reiseagenturen in Tbilissi sind Ausflüge nach Sstepantzminda (früherer Name: Qasbegi) buchbar. Natürlich kann man auch individuell mit dem Bus reisen. Der Bus hält in Passanauri (88 Kilometer von Tbilissi entfernt), Gudauri (120 Kilometer) und Sstepantzminda. In diesen Orten gibt es auch

Unterkunftsmöglichkeiten in Hotels. Gudauri ist heute das beliebteste Skisportzentrum Georgiens. Die Skisaison beginnt im Dezember und endet in den Höhenlagen im Mai.

Wortliste: Wintersport

Wintersport	ზამთრის სპორტი	samtriß ßp’ort’i
Biathlon	ბიატლონი	biat’loni
Bobfahren	ბობსლეი	bobßle-i
Eishockey	ყინულის ჰოკეი	qinuliß hok’e-i
Eislaufen	ციგურებით სრიალი	tzigurebit ßriali
Lawine	ზვავი	swawi
Piste	ტრასა	t’raßa
Schnee	თოვლი	towli
Sessellift	საბაგირო	ßabagiro
Skianzug	სათხილამურო კოსტუმი	ßatchilamuro k’ost’umi
Ski(er)	თხილამურ(ებ)ი	tchilamuri, tchilamurebi
Skibrille	სათვალეები	ßatwaleebi
Skifahren	თხილამურებით სრიალი	tchilamurebit ßriali
Skihelm	შლემი, მუზარადი	schlemi, musaradi
Skipass	საბაგიროს სკი-პასი	ßabagiroß ßki-paßi
Skipiste	სათხილამურო ტრასა	ßatchilamuro t`raßa
Skispringen	თხილამურებით ხტომა ტრამპლინიდან ხტომა	tchilamurebit cht’oma t’ramp’linidan cht’oma
Skistock	თხილამურების ჯოხი	tchilamurebiß dschochi
Slalom	სლალომი	ßlalomi
Verleih von Skiausrüstung	სათხილამურო აღჭურვილობის დაქირავება	ßatschilamuro aghtsch’urwilobiß dakiraweba

Mutzo in Chewssureti

Rooms Hotel in Sstepantzminda

Gudauri

▸ Ich hätte gerne einen Skipass für drei Tage.
მე მინდა საბაგიროს სკი-პასი სამი დღისთვის.
me minda ßabagiroß ßki-paßi ßami dghißtwiß.

▸ Kann ich hier eine Skiausrüstung ausleihen?
შეიძლება თქვენთან სათხილამურო აღჭურვილობის დაქირავება?
sche-idsleba tkwentan ßatchilamuro aghtsch'urwilobiß dakiraweba?

▸ Wie ist der Wetterbericht?
ამინდის პროგნოზი როგორია?
amindiß p'rognosi rogoria?

▸ Heute Nacht schneit es und morgen liegt Neuschnee auf den Pisten.
ამაღამ მოთოვს და ხვალ ტრასებზე ახალი თოვლი იქნება.
amagham motowß da chwal t'raßebse achali towli ikneba.

Von Tbilissi fahren Marschrutkas auch nach Bordschomi (bekannt durch das Mineralwasser Bordschomi, Fahrzeit 2,5 Stunden) und zum Winterkurort Bakuriani. Lohnend ist auch die Fahrt zur Stadt Achaltziche in Südgeorgien mit der

Marschrutka (Fahrzeit 4 Stunden). Ca. 30 Kilometer westlich von Achaltziche befindet sich der Hochgebirgskurort Abaßtumani mit einer Sternwarte.

Auch zu Kachetiens Hauptstadt Telawi kann man mit der Marschrutka oder mit dem Taxi fahren. Telawi ist etwa 155 Kilometer von Tbilissi entfernt.

Sehenswürdigkeiten in Ostgeorgien, Kachetien (Kacheti)

Telawi ist eine sehr alte Stadt, die schon in den Schriften des griechischen Geografen und Astronomen Ptolemäus (2. Jh. n. Chr.) erwähnt wird. Das älteste Baudenkmal der Stadt ist die noch in Resten erhaltene alte Stadtmauer (10.–11. Jh.). Im Zentrum Telawis befindet sich das Schloss Batonis Tziche (18 Jh.), das heute das Stadtmuseum beherbergt. Zu weiteren Sehenswürdigkeiten der Provinz Kachetien gehört, von Telawi 12 Kilometer entfernt, der berühmte Dom Alawerdi (11. Jh.). Seine Kuppel ist die höchste der mittelalterlichen Bauten in Georgien. Die Kirche ist dem Heiligen Georg gewidmet, wie auch viele andere Kirchen in Georgien. In Alawerdi befindet sich das Grab der Heiligen Ketewan, einer Königin, die im 17. Jh. unter dem persischen Schah Abbas gefoltert und getötet wurde. Der deutsche Dichter Andreas Gryphius hat diese Geschichte in seiner Tragödie „Catharina von Georgien“ beschrieben.

Auch die Klöster Iqalto und Schuamta, ebenfalls in Kachetien gelegen, lohnen einen Besuch. Sehenswert sind ebenfalls die Klöster Nekressi, Udabno und Dawit Garedja sowie das Nonnenkloster Bodbe. Ganz besonders beeindruckend sind die Festung Gremi und die Stadt Sighnaghi, die laut einem Reiseführer als Kulisse für einen Märchenfilm dienen könnte.

Die Festung Gremi

Im Norden Kachetiens, in den Tälern des Großen Kaukasus, liegt das hochgebirgige Tuscheti mit dem zentralen Dorf Omalo in ca. 2050 Meter Höhe über dem Meeresspiegel. Nicht weit von Omalo befindet sich das Besucherzentrum des Nationalparks, wo man Informationen zum Nationalpark, gegebenenfalls auch Karten für Touren erhält. Die Mitarbeiter vermitteln Bergführer, Packpferde und Fahrzeuge. Es besteht die Möglichkeit, Zelte, Ferngläser und Mountainbikes zu leihen.

Nach Kachetien (Telawi, Qwareli, Lagodechi, Bodbe / Sighnaghi usw.) fahren die Marschrutkas von den Metrostationen Ssamgori, Issani und Ssadguris Moedani. Ist man per Taxi oder Leihwagen unterwegs, kann man auf der Fahrt nach Telawi die mittelalterlichen Kirchen Aller Heiligen und der Gottesmutter im Dorf Ninotzminda besuchen.

Dorf Dartlo, Tuscheti

Sehenswürdigkeiten in Westgeorgien

Westgeorgien ist durch das Surami-Gebirge von Ostgeorgien geteilt. Wenn man von Tbilissi in die Provinz Imeretiens Hauptstadt Kutaissi fährt, muss man dieses Gebirge überqueren, entweder über den Rikoti-Pass bzw. durch den Rikoti-Tunnel oder per Bahn durch den Tzipa-Tunnel.

Imeretien (Imereti)

Falls man direkt aus Europa per Flugzeug nach Kutaissi (Flughafen Kopitnari) anreist, kann man ein paar Tage in dieser Stadt bleiben und die Sehenswürdigkeiten besichtigen.

Besonders lohnt sich in Kutaissi der Besuch der restaurierten Kathedrale Bagrati aus dem 10. und 11. Jahrhundert.

Die Bagrati-Kathedrale in Kutaissi

Sehenswert sind in Kutaissi die Theater (Oper- und Drama-Theater) und die Museen (ein Historisch-Ethnographisches und ein Kunstmuseum) sowie die Tetri-Chidi (Weisse-Brücke) über dem Fluss Rioni. Nahe dieser Brücke befindet sich ein Touristeninformationszentrum. In Kutaissi Unterkunft zu finden, ist nicht schwer. Es gibt mehrere Gasthäuser, Hotels und Hostels in großer Zahl von bescheidenem bis zu hohem Komfort. Eines der besten Restaurants Kutaissis ist das Restaurant Mirzaani im Stadtzentrum direkt am Ufer des Flusses Rioni.

Der berühmte Klosterkomplex Gelati ist nur 11 Kilometer von Kutaissi entfernt. In Gelati befinden sich auch die Ruinen der ehemaligen Akademie (12. Jh.). Am Eingang des Klosters ist Davit der Erbauer, der bedeutendste König Georgiens, begraben. Er herrschte von 1089 bis 1125.

Brunnen in Kutaissi

Etwa einen Kilometer vor der Straße nach Gelati gelangt man, wenn man rechts abbiegt, zum Kloster Motzameta, einem der historisch berühmtesten christlichen Wallfahrtsorte Georgiens.

In der Nähe von Kutaissi liegt der Naturpark Ssataplia mit Karsthölen, die für Touristen zugänglich sind. Einige Kilometer von Ssataplia entfernt wurde in den letzten Jahren die Prometheushöhle in Kumistawi erschlossen.

Sehenswert sind in Imeretien auch die kleinen Städte Tschiatura und Tsqaltubo und Dörfer, wie z. B. Skhvitori oder Ssakara.

Dramatheater in Kutaissi mit dem Denkmal für den Schauspieler Lado Meßchischwili. Das Theater trägt seinen Namen.

Ratscha-Letschchumi

Im Nordosten Imeretiens liegt die Provinz Ratscha-Letschchumi mit ihren wunderschönen Landschaften. Dort hat man verschiedene Möglichkeiten, zu wandern und die Natur und frische Bergluft zu genießen. Touristisch interessant ist in Ratscha die Bischofskirche von Nikortzminda (11. Jh.), die über dem gleichnamigen Dorf liegt. Nikortzminda kann man von der Kleinstadt Ambrolauri mit dem Taxi erreichen. Nach Ambrolauri fahren Marschrutkas von Kutaissi aus. Von Kutaissi fahren Marschrutkas auch nach Oni, einer weiteren Kleinstadt in Ratscha, die nordöstlich von Ambrolauri liegt. Von Oni aus kann man die wunderschöne, für ihre Mineralquellen bekannte Gegend um die Dörfer Utzera und Schowi besuchen, wo es in sowjetischen Zeiten Sanatorien gab.

Megrelien (Ssamegrelo)

An Imeretien grenzt im Westen die Provinz Megrelien (Ssamegrelo) mit ihrer Hauptstadt Sugdidi an. Nach Sugdidi kann man mit der Marschrutka von Kutaissi aus fahren (Fahrtzeit ca. 2 Stunden). Dort sollte man unbedingt das Geschichts- und Volkskundemuseum besuchen, das sich im ehemaligen Fürstenpalast von Dadiani befindet. Dieses Museum zählt zu seiner Sammlung eine der drei Kopien der Totenmaske Napoleon Bonapartes.

In Ssamegrelo liegen die Kleinstädte Chobi, Ssenaki, Abascha und die Hafenstadt Poti, die in der antiken Überlieferung als Phasis bekannt ist.

Zu Ssamegrelo gehört auch der neue Badeort Anaklia in der Nähe der Demarkationslinie zur abtrünnigen Provinz Abchasien. Nach Anaklia fahren Marschrutkas aus Sugdidi (50 Minuten Fahrtzeit).

Swanetien (Swaneti)

Von Sugdidi fahren Taxis und Marschrutkas auch nach Mestia, die Hauptstadt von Swanetien. Swanetien teilt sich in zwei Regionen, in das Niederswanetien (Untere-/kwemo-Swaneti) und in das Oberswanetien (Obere-/semo-Swaneti). Swanetien ist heute eines der interessantesten Urlaubsziele in Georgien. Hier kann man die Hochgebirgslandschaften des Großen Kaukasus erleben. Die beste Zeit für eine Reise nach Swanetien ist von Mitte Mai bis Ende September. Die Bergdörfer im Oberswanetien gehören zum Weltkulturerbe der UNESCO. Das wichtigste Kennzeichen der swanetischen Dörfer sind die Wehrtürme, kleine Burgen, in die sich die Familien bei kriegerischen Auseinandersetzungen zurückzogen. In Mestia gibt es heute insgesamt 42 Wehrtürme. Viele Einwohner von Mestia bauten ihre Häuser zu Pensionen aus. Acht Kilometer südlich von Mestia entstand ein Skigebiet mit drei Pisten. Das Touristenzentrum von Swanetien organisiert verschiedene Berg- und Tagestouren sowie Touren mit Übernachtungen in den Dörfern. Wander- und Reitwege wurden auch nach Niederswanetien angelegt. Touristen benötigen unbedingt einen Bergführer.

Neben den Wehrtürmen sind in Swanetien auch die Kirchen (9.–14. Jh.) mit ihren Fresken und Ikonen sehenswert. Es lohnt sich, die kleine Lamaria-Kirche im Dorf Uschguli zu besuchen, welches 2200 Meter über dem Meeresspiegel liegt. Aus Uschguli führt ein Wanderweg zu den ersten Gletscherzungen des Schchara, des mit 5068 Metern höchsten Bergs Georgiens.

▸ Ich möchte eine Bergtour machen.
მე მინდა მთებში წასვლა.
me minda mtebschi tz'aßwla.

▸ Können Sie mir eine Tour empfehlen?
შეგიძლიათ რაიმე ექსკურსია მირჩიოთ?
schegidsliat raime ekßk'urßia mirtschiot?

Das Dorf Mulachi in Swanetien

Das Dorf Uschguli in Swanetien

▸ Spricht der Bergführer Deutsch?
ლაპარაკობს გიდი გერმანულად?
lap'arak'obß gidi germanulad?

▸ Wo ist der Treffpunkt?
სად არის შეხვედრის ადგილი?
ßad arіß schechwedriß adgili?

▸ Wann geht es los?
როდის გავდივართ?
rodiß gawdiwart?

▸ Wann sind wir zurück?
როდის დავბრუნდებით?
rodiß dawbrundebit?

▸ Ist das der Weg nach ...?
ეს არის გზა ... -ისკენ?
eß arіß gsa ... -ißk'en?

Touristen mit Kühen auf der Wanderung in Swanetien

Pferde in Swanetien

Wortliste: Sehenswürdigkeiten im Land

Ausflug	ექსკურსია	ekßk'urßia
Ausgrabungen	გათხრები	gatchrebi
Berg	მთა	mta
Bergschuhe	სამთო ფეხსაცმელი	ßamto pechßatzmeli
Bergsteigen	ალპინიზმი	alp'inismi
Besichtigen	დათვალიერება	datwaliereba
Brücke	ხიდი	chidi
Brunnen	შადრევანი	schadrewani
Burg	ციხესიმაგრე	tzicheßimagre
Fluss	მდინარე	mdinare
Fremdenführer	გიდი	gidi
Führung	მეგზურობა	megsuroba
Gipfel	მწვერვალი	mtz'werwali
Gletscher	მყინვარი	mqinwari
Grünanlage	პარკი	p'ark'i
Höhle	გამოქვაბული	gamokwabuli
Jagen	ნადირობა	nadiroba
Karsthöhle, -grotte	კარსტული მღვიმე	k'arßt'uli mghwime
Kirche	ეკლესია	ek'leßia
Klettern	აცოცება / ცოცვა	atzotzeba / tzotzwa
Kloster	მონასტერი	monaßt'eri
Kompass	კომპასი	k'omp'aßi
Kurs	კურსი	k'urßi
Landschaft	ლანდშაფტი	landschapt'i
Lawine	ზვავი	swawi
Lebensgefahr	სიცოცხლის საფრთხე	ßitzotzchliß ßaprtche
Mountainbiking	სამთო ველორბოლა	ßamto welorbola
Naturpark	პარკი	p'ark'i
Naturschutzgebiet	ნაკრძალი	nak'rdsali
öffentliche Toilette	საზოგადოებრივი ტუალეტი	ßasogadoebriwi t'ualet'i
Palast	სასახლე	ßaßachle
Pferd	ცხენი	tzcheni
Picknick	პიკნიკი	p'ik'nik'i

Planetarium	პლანეტარიუმი	p'lanet'ariumi
Proviant	სურსათი	ßurßati
Radwanderweg	ველოსიპედის გზა	weloßip'ediß gsa
Reiten	ცხენით სიარული	tzchenit ßiaruli
Rückfahrt	დაბრუნება	dabruneba
Ruine	ნანგრევი	nangrewi
Rundfahrt	გარსშემოვლა	garßschemowla
Schloss	სასახლე	ßaßachle
Schlucht	ხევი / ხეობა	chewi / cheoba
(Binnen-)See	ტბა	t'ba
Steppe	ველი / ტრამალი	weli / t'ramali
Sternwarte	ობსერვატორია	obßerwat'oria
Strand	სანაპირო	ßanap'iro
Tempel	ტაძარი	t'adsari
Turm	კოშკი	k'oschk'i
Wald	ტყე	t'qe
Wandern	ბუნებაში ხეტიალი	bunebaschi chet'iali
Wanderkarte	სახეტიალო რუკა	ßachet'ialo ruk'a
Wanderschuhe	სახეტიალო ფეხსაცმელი	ßachet'ialo pechßatzmeli
Wanderstab	სასიარულო ჯოხი	ßaßiarulo dschochi
Wanderweg	საცალფეხო გზა / ბილიკი	ßatzalpecho gza / bilik'i
Wasserfall	ჩანჩქერი	tschantschkeri
Wunderschön	ძალიან ლამაზი	dsalian lamasi
Wüste	უდაბნო	udabno

Die Schwarzmeerküste

Gurien (Guria), Adscharien (Atschara)

Das Schwarze Meer grenzt im Westen an Georgien an. Südlich von Gurien mit den Städtchen Osurgeti und Lantschchuti liegt die Autonome Republik Adscharien (Atschara). Batumi, die Hauptstadt von Adscharien, ist die zweitgrößte Stadt Georgiens. Von Tbilissi aus gelangt man nach Batumi entweder mit dem Zug oder über Kutaissi mit dem Bus und der Marschrutka. Im Sommer gibt es mehrmals wöchentliche Flüge zwischen

Tbilissi und Batumi. Der moderne Flughafen liegt ca. fünf Kilometer südlich Batumis an der Fernverkehrsstraße zur türkischen Grenze. Von hier aus gibt es auch Flüge nach Istanbul, Jerewan, Minsk und Kiew.

Batumi ist eine grüne Stadt mit vielen schönen Gebäuden, Parks, Alleen und einer sieben Kilometer langen Uferpromenade, dem sogenannten Batumi-Boulevard. Nördlich von Batumi befinden sich die schon zu Sowjetzeiten bekannten Kurorte Mtzwane Kontzchi (Grünes Kap) mit seinem berühmten Botanischen Garten, Machindschauri, Tzichisdsiri und das für seine Strände bekannte Kobuleti. Südlich von Batumi, ca. 12 Kilometer vom Stadtzentrum entfernt, befindet sich die Ruine der römischen Festung Gonio. Zu erreichen ist Gonio mit der Marschrutka, die in Richtung Sarpi an der georgisch-türkischen Grenze fährt.

▸ Ich möchte ein Boot mieten.
მე ნავის დაქირავება მინდა.
me nawiß dakiraweba minda.

▸ Wo geht es zum Strand?
როგორ მივალ სანაპირომდე (პლაჟამდე)?
rogor miwal ßanap'iromde (p'la~~sch~~amde)?

▸ Wo sind die Umkleidekabinen?
სად არის ტანსაცმლის გამოსაცვლელი კაბინები?
ßad ariß t'ansatzmliß gamoßatzwleli k'abinebi?

▸ Was kostet ein Liegestuhl?
რა ღირს შეზლონგი?
ra ~~gh~~irß scheslongi?

▸ Kann man einen Sonnenschirm ausleihen?
შეიძლება მზის ქოლგის ქირით გამოტანა?
sche-idsleba mziß kolgiß kirit gamot'ana?

▸ Darf man hier baden?
შეიძლება აქ ბანაობა?
sche-idsleba ak banaoba?

Das Meer bei
Nacht in Batumi

▸ Kann man am Strand Volleyball / Fußball spielen?
შეიძლება პლაჟზე ფრენბურთის / ფეხბურთის თამაში?
sche-idsleba p'la~~sch~~se prenburtiß / pechburtiß tamaschi?

▸ Welche Temperatur hat das Wasser?
რამდენია წყლის ტემპერატურა?
Ramdenia tz'qliß t'emp'erat'ura?

▸ Wie weit darf man hinausschwimmen?
რამსიშორეს შეიძლება გაცურვა?
Ramßischoreß sche-idsleba gatzurwa?

▸ Kann ich hier in der Nähe angeln?
შეიძლება აქ ახლოს თევზაობა?
Sche-idsleba ak achloß tewsaoba?

Wortliste: Am Strand

Achtung, Strömung!	ყურადღება, დინებაა!	qúradgheba, dineba-a!
Angeln	თევზაობა	tewsaoba
Angelhaken	ანკესი	ank'eßi
Angelschein	თევზაობის ნებართვა	tewsaobiß nebartwa
Aquapark	აქვაპარკი	akwap'ark'i
Badehose	საბანაო ტრუსები	ßabanao t'rußebi
Bademeister	ბანაობის მეთვალყურე	banaobiß metwalqure
Baden verboten!	ბანაობა აკრძალულია!	Banaoba ak'rdsalulia!
Boot	ნავი	nawi
Bootsfahrt	ნავით მგზავრობა, ცურვა	nawit mgsáwroba, tzurwa
Bucht	ყურე / უბე	qure / ube
Dampferfahrt	გემით მგზავრობა	gemit mgsáwroba
Düne	დიუნი, დიუნები	diuni, diunebi
Hai	ზვიგენი	swigeni
Handtuch	პირსახოცი	p'irßachotzi
Kanu	კანოე	k'ano-e
Leuchtturm	შუქურა	schukura
Liegestuhl	შეზლონგი	scheslongi
Luftmatratze	გასაბერი ლეიბი	gaßaberi le-ibi
Lufttemperatur	ჰაერის ტემპერატურა	ha-eriß t'emp'erat'ura
Motorboot	მოტორიანი ნავი	mot'oriani nawi
Miete	ქირა	kira
mieten	ქირაობა, დაქირავება	kiraoba, dakiraweba
Netz	ბადე	bade
Rettungsring	მაშველი რგოლი	maschweli rgoli
Rudern	ნიჩბების მოსმა	nitschbebiß moßma
Sand	ქვიშა / სილა	kwischa / ßila
Schnorchel	აკვალანგი	ak'walangi
Schwimmen	ცურვა	tzurwa
Schwimmflügel	საცურაო ფრთები	ßatzurao prtebi
Segelboot	იალქნიანი ნავი	ialkniani nawi

segeln	იალქნიანი ნავით ცურვა	ialkniani nawit tzurwa
Shorts	შორტები	schort'ebi
Sonnenbrille	მზის სათვალე	msiß ßatwale
Sonnenschirm	მზის ქოლგა	msiß kolga
Strand	სანაპირო / პლაჟი	ßanap'iro / p'laschi
Strandcafé	სანაპიროს კაფე	ßanap'iroß k'afe
Strandschuhe	პლაჟის ფოსტლები	p'laschiß poßt'lebi
Strömung	დინება	dineba
gefährliche Strömung	მორევი	morewi
Sturmwarnung	ქარიშხლის გაფრთხილება	karischchliß gaprtchileba
Surfen	სერფინგი	ßerfingi
Surfbrett	სერფინგის ფიცარი	ßerfingiß pitzari
tauchen	ყვინთვა	qwintwa
Taucherausrüstung	საყვინთაო აღჭურვილობა, სკაფანდრი	ßaqwintao aghtsch'urwiloba, ßk'apandri
Umkleidekabine	ტანსაცმლის გამოსაცვლელი კაბინა	t'anßatzmliß gamoßatzwleli k'abina
Wasserball	წყალბურთი	tz'qalburti
Wasserski	წყლის თხილამურები	tz'qliß tchilamurebi
Wellen	ტალღები	t'alghebi

Mit dem Zug unterwegs

Ab Hauptbahnhof Tbilissi fahren Züge nach Bordschomi, Kutaissi, Batumi, Poti und Sugdidi. Alle Züge halten auch in Gori. Die Fahrzeit nach Gori beträgt etwas mehr als eine Stunde.

Man kann auch mit dem Zug nach Baku (Aserbaidschan) und Jerewan (Armenien) fahren. Von Baku fahren Züge unter anderem nach Moskau und Kiew. Für Armenien benötigen EU-Bürger kein Visum, wenn sie sich weniger als 180 Tage im Jahr im Land aufhalten.

▸ Wo ist der Hauptbahnhof?
სად არის რკინიგზის სადგური?
ßad ariß rk'inigsiß ßadguri?

▸ *G:* Zum Hauptbahnhof können Sie mit der U-Bahn fahren. Bis zur Haltestelle „ßadguriß mo-edani".
სადგურში შეგიძლიათ მეტროთი წახვიდეთ. ჩამოხვალთ გაჩერებაზე „სადგურის მოედანი".
ßadgurschi schegidsliat met'roti tz'achwidet. tschamochwalt gatscherebase „ßadguriß mo-edani".

▸ Wo kann man den Fahrplan einsehen?
სად შეიძლება მატარებლის განრიგის ნახვა?
ßad sche-idsleba mat'arebliß ganrigiß nachwa?

▸ *G:* Hier, an diesem Informationsschalter.
აქ, ამ საინფორმაციო სარკმელში.
ak, am ßainpormatzio ßark'melschi.

▸ An welchem Schalter kann man Fahrkarten nach Batumi kaufen?
რომელ სალაროში იყიდება ბილეთები ბათუმამდე?
romel ßalaroschi iqideba biletebi batumamde?

▸ Ich möchte diesen Koffer zur Aufbewahrung geben. Wo befindet sich die Gepäckaufbewahrung?
მე მინდა ეს ჩემოდანი შესანახად ჩავაბარო. სად შეიძლება აქ ბარგის შენახვა?
me minda eß tschemodani scheßanachad tschawabaro. ßad sche-idsleba ak bargiß schenachwa?

▸ Von welchem Bahnsteig fährt der Zug nach Batumi?
ბათუმის მატარებელი რომელი ბაქნიდან გადის?
batumiß mat'arebeli romeli baknidan gadiß?

▸ Ist hier ein Platz frei?
არის აქ თავისუფალი ადგილი?
ariß ak tawißupali adgili?

▸ Können wir die Plätze tauschen? Ich fahre nicht gern rückwärts.
შეგიძლიათ ადგილი გამიცვალოთ? მე არ მიყვარს ზურგით ჯდომა.
schegidsliat adgili gamitzwalot? me ar miqwarß surgit dschdoma.

▸ Darf ich rauchen?
შეიძლება მოვწიო?
sche-idsleba mowtz'io?

▸ *G:* Ihre Fahrkarte bitte!
მაჩვენეთ თქვენი ბილეთი!
matschwenet tkweni bileti!

▸ Welcher Bahnhof ist das?
ეს რა სადგურია?
eß ra ßadguria?

▸ Hält der Zug an allen Stationen an?
ეს მატარებელი ყველა სადგურზე ჩერდება?
eß mat`arebeli qwela ßadgurse tscherdeba?

▸ Wo muss ich umsteigen?
სად უნდა გადავჯდე?
ßad unda gadawdschde?

Anmerkung: Wenn Sie mit der Bahn unterwegs sind, hören Sie oft die Durchsagen:

▸ Achtung!
ყურადღება!
qúradgheba!

▸ Ein Zug fährt durch. Bitte treten Sie von der Bahnsteigkante zurück!
მატარებელი, რომელიც ბაქანს უახლოვდება, აქ არ გაჩერდება. ნუ დგეხართ ლიანდაგის სიახლოვეს!
mat'arebeli, romelitz bakanß uachlowdeba, ak ar gatscherdeba. Nu dgechart liandagiß ßiachloweß!

▸ Achtung! Der Zug Tbilissi-Batumi fährt ab von Gleis 3!
ყურადღება! მატარებელი „თბილისი-ბათუმი“ გადის მესამე ლიანდაგიდან.
qúradgheba! mat'arebeli „tbilissi-batumi" gadiß meßame liandagidan.

▸ Achtung! Auf Gleis 2 fährt der Zug aus Chaschuri ein.
ყურადღება! მეორე ლიანდაგზე ჩამოდგება მატარებელი ხაშურიდან.
qúradgheba! meore liandagse tschamodgeba mat'arebeli Chaschuridan.

▸ Achtung! Der Zug aus Bordschomi hat 10 Minuten / eine halbe Stunde Verspätung!
ყურადღება! ბორჯომის მატარებელი იგვიანებს 10 წუთით / ნახევარი საათით!
qúradgheba! Bordschomiß mat'arebeli igwianebß ati tz'utit / nachewari ßaatit!

Arzt und Apotheke

Notfall

Im Notfall kann man eine Krankenhausambulanz aufsuchen. Die landesweite Notrufnummer ist die 112.

Medikamente bekommen Sie ausschließlich in der Apotheke (აფთიაქი aptiaki). Für spezielle Arzneimittel benötigen Sie ein Rezept, andere gibt es rezeptfrei.

▸ Mein Mann / Meine Frau ist gestürzt. Er / sie kann nicht mehr aufstehen.
ჩემი ქმარი / ცოლი დაეცა და ველარ დგება.
tschemi kmari / tzoli daetza da weghar dgeba.

▸ Mein Mann / Meine Frau ist ohnmächtig geworden. Wir brauchen sofort einen Arzt.
ჩემ ქმარს / ცოლს გული წაუვიდა. სასწრაფოდ გვჭირდება ექიმი.
tschem kmarß / tzolß guli tz'auwida. ßaßtz'rapod gwtsch'irdeba ekimi.

▸ Ich bin (schwer) gestürzt und habe mich verletzt.
მე ცუდად დავეცი და რაღაც დავიშავე.
me tzudad dawetzi da raghatz dawischawe.

▸ Ich blute stark. / Er (Sie) blutet stark.
ძლიერი სისხლისდენა მაქვს. / ძლიერი სისხლისდენა აქვს.
dsli-eri ßißchlißdena makwß. / dsli-eri ßißchlißdena akwß.

▸ Rufen Sie bitte einen [1]Arzt / einen [2]Krankenwagen / ein [3]Taxi.
თუ შეიძლება, დაურეკეთ [1]ექიმს / [2]სასწრაფოს / [3]ტაქსის.
tu sche-idsleba, da-urek'et [1]ekimß / [2]ßaßtz'rapoß / [3]t'akßiß.

▸ Rufen Sie bitte sofort den Arzt / die Erste Hilfe!
ახლავე დარეკეთ ექიმთან / სასწრაფო დახმარებაში!
achlawe darek'et ekimtan / ßaßtz'rapo dachmarebaschi!

▸ Mir geht es nicht gut, können Sie mir helfen?
არ ვარ კარგად, შეგიძლიათ დამეხმაროთ?
ar war k'argad, schegidsliat damechmarot?

▸ Ich muss zu einem Arzt gehen. Gibt es einen in der Nähe?
მე ექიმთან უნდა მივიდე. არის ექიმი აქ სადმე ახლოს?
me ekimtan unda miwide. ariß ekimi ak ßadme achloß?

▸ Spricht er Deutsch (Englisch)?
გერმანულად (ინგლისურად) ლაპარაკობს?
germanulad (inglißurad) lap'arak'obß?

▸ Wann hat er Sprechstunde?
როდის აქვს მიღება?
rodiß akwß migheba?

▸ Ich habe hier Schmerzen.
აქ ტკივილები მაქვს / აი აქ მტკივა.
ak t'k'iwilebi makwß / ai ak mt'k'iwa.

▸ Ich habe starke Schmerzen.
ძალიან მტკივა.
dsalian mt'k'iwa.

▸ Ich habe Schmerzen in (im / in der / in den) ...
მე მტკივა ...
me mt'k'iwa ...

Wortliste: Körperteile

Arm	ხელი, მკლავი	cheli, mk'lawi
Auge, Augen	თვალი, თვალები	twali, twalebi
Bauch	მუცელი	mutzeli
Bein	ფეხი	pechi
Brust	მკერდი	mk'erdi
Ellenbogen	იდაყვი	idaqwi
Finger	თითი	titi
Fuß	ფეხი, ტერფი	pechi, t'erpi
Hals	ყელი	qeli
Hand	ხელი	cheli
Handgelenk	ხელის სახსრები	cheliß ßachßrebi
Herz	გული	guli
Knie	მუხლი	muchli
Kopf	თავი	tawi
Körper	სხეული	ßcheuli
Körperteile	სხეულის ნაწილები	ßcheuliß natz'ilebi
Nacken	კისერი	k'ißeri
Niere	თირკმელი	tirk'meli
Oberschenkel	ბარძაყი	bardsaqi
Ohr, Ohren	ყური, ყურები	quri, qurebi
Rippe, Rippen	ნეკნი, ნეკნები	nek'ni, nek'nebi
Rücken	ზურგი	surgi
Schulter	მხარი	mchari
Stirn	შუბლი	schubli
Unterschenkel	წვივი	tz'wiwi
Wade	კანჭი	k'antsch'i

▸ *G:* Nehmen Sie Medikamente ein? Welche Medikamente?
წამლებს ხომ არ იღებთ? რომელ წამლებს იღებთ?
tz'amlebß chom ar ighebt? romel tz'amlebß ighebt?

▸ Ich nehme regelmäßig diese Medikamente.
მე რეგულარულად ვიღებ ამ წამლებს.
me regularulad wigheb am tz'amlebß.

▸ Ich bin schwanger.
მე ორსულად ვარ.
me orßulad war.

▸ *G:* Im wievielten Monat sind Sie schwanger?
რომელ თვეში ხართ ორსულად?
romel tweschi chart orßulad?

▸ Im [1]zweiten / [2]dritten / [3]vierten / [4]fünften Monat.
[1]მეორე / [2]მესამე / [3]მეოთხე / [4]მეხუთე თვეში.
[1]meore / [2]meßame / [3]meotche / [4]mechute tweschi.

▸ *G:* Sind Sie gegen Tetanus geimpft?
ტეტანუსი აცრილი გაქვთ?
t'et'anußi atzrili gakwt?

▸ *G:* Sie haben (eine/n) ... (sich die Hand gebrochen / Rippenprellung).
თქვენ გაქვთ ... (ხელის მოტეხილობა / ნეკნების და-ზიანება).
tkwen gakwt ... (cheliß mot'echiloba / nek'nebiß dasianeba).

Wortliste: Krankheiten

allergische Reaktion	ალერგიული რეაქცია	alergiuli reaktzia
allergischer Schock	ალერგიული შოკი	alergiuli schok'i
hohen Blutdruck	მაღალი წნევა	maghali tz'newa
niedrigen Blutdruck	დაბალი წნევა	dabali tz'newa
Blutvergiftung	სისხლის მოწამვლა	ßißchliß motz'amwla
Diabetes	დიაბეტი	diabet'i
Fieber	სიცხე	ßitzche
gebrochener Arm	ხელის მოტეხილობა	cheliß mot'echiloba
gebrochenes Bein	ფეხის მოტეხი-ლობა	pechiß mot'echiloba
Gehirnerschütterung	ტვინის შერყევა	t'winiß scherqewa
Gürtelrose	ჰერპესი	herp'eßi
Herzinfarkt	ინფარქტი	infarkt'i
Hirnhautentzündung	მენინგიტი	meningit'i
Keuchhusten	ყივანახველა	qiwanachwela
Lebensmittel-vergiftung	საჭმლით მოწამვლა	ßatsch'mlit motz'amwla
Masern	წითელა	tz'itela

Migräne	შაკიკი	schak'ik'i
Mumps	ყბაყურა	qbaqura
Panikattacke	პანიკის შეტევა	p'anik'iß schet'ewa
Röteln	წითურა	tz'itura
Scharlach	ქუნთრუშა	kuntruscha
Schlaganfall	სისხლის ჩაქცევა ინსულტი	ßißchliß tschaktzewa insult'i
Sonnenstich	მზის დარტყმა	msiß dart'qma
Tollwut	ცოფი	tzopi
Tuberkulose	ტუბერკულოზი	t'uberk'ulosi
Windpocken	ჩუტყვავილა	tschut'qwawila

▸ *G:* Nehmen Sie das hier einmal (zwei-, dreimal) am Tag ein.
მიიღეთ აი ეს დღეში ერთხელ (ორჯერ, სამჯერ).
miighet ai eß dgheschi ertchel (ordscher, ßamdscher).

▸ *G:* Nehmen Sie das hier ^{1}morgens / ^{2}mittags / ^{3}abends ein.
ეს მიიღეთ ^{1}დილაობით / ^{2}შუადღისას / ^{3}საღამოობით.
eß miighet ^{1}dilaobit / ^{2}schuadghißaß / ^{3}ßaghamoobit.

▸ *G:* Nehmen Sie ^{1}zwanzig Tropfen / ^{2}zwei Tabletten / ^{3}einen Teelöffel.
მიიღეთ ^{1}ოცი წვეთი / ^{2}ორი აბი / ^{3}ჩაის კოვზი.
miighet ^{1}otzi tz'weti / ^{2}ori abi / ^{3}tschaiß k'owsi.

▸ *G:* Ich gebe Ihnen eine Spritze / ein Antibiotikum.
მე გაგიკეთებთ ნემსს / ანტიბიოტიკის ინექციას.
me gagik'etebt nemßß / ant'ibiot'ik'iß inektziaß.

▸ *G:* Sie müssen zum Röntgen / zum Ultraschall.
თქვენ უნდა გაიკეთოთ რენტგენი / უნდა ჩაიტაროთ გამოკვლევა ულტრაშალით.
tkwen unda gaik'etot rent'geni / unda tschait'arot gamok'wlewa ult'raschalit.

▸ *G:* Sie brauchen eine Computertomografie.
თქვენ გჭირდებათ ტომოგრაფიული გამოკვლევა.
tkwen gtsch'irdebat t'omograpiuli magok'wlewa.

▸ Können Sie mir ein Rezept gegen Durchfall ausstellen?
შეგიძლიათ გამომიწეროთ კუჭის აშლილობის წამალი?
schegidsliat gamomitz'erot k'utsch'iß aschlilobiß tz'amali?

▸ *G:* Hier ist ein Rezept für die Apotheke.
აი რეცეპტი აფთიაქისთვის.
ai retzep't'i aptiakißtwiß.

▸ Muss ich noch einmal wiederkommen?
კიდევ უნდა მოვიდე?
k'idew unda mowide?

▸ *G:* Kommen Sie morgen nüchtern wieder.
ხვალ დილით უზმოზე მოდით.
chwal dilit usmose modit.

▸ *G:* Ich muss eine Blutprobe nehmen.
სისხლი უნდა აგიღოთ.
ßißchli unda agighot.

Apotheke

▸ Wo ist bitte die nächste Apotheke?
სად არის უახლოესი აფთიაქი?
ßad ariß uachlo-eßi aptiaki?

▸ Haben Sie etwas gegen ...?
გაქვთ რამე ... საწინააღმდეგო?
gakwt rame ... ßatz'inaaghmdego?

Die folgenden Wörter stehen bereits in der richtigen Form (d. h. im Genitiv, der anstelle der drei Punkte im obigen Satz steht):

Allergie	ალერგიის	alergiiß
Angina	ანგინის	anginiß
Asthma	ასტმის	aßt'miß
Bronchitis	ბრონხიტის	bronchit'iß
Durchfall	კუჭის აშლილობის	k'utschiß aschlilobiß
Erkältung	გაციების	gatziebiß
Fieber	სიცხის	ßitzchiß
Grippe	გრიპის	grip'iß
Halsschmerzen	ყელის ტკივილის	qeliß t'k'iwiliß
Heuschnupfen	ალერგიული სურდოს	alergiuli ßurdoß
Hexenschuss	ლუმბაგოს	lumbagoß

Husten	ხველების	chwelebiß
Ischias	იშიაზის	ischiasiß
Kolik	კოლიკების	k'olik'ebiß
Kopfschmerzen	თავის ტკივილის	tawiß t'k'iwiliß
Krampf	კრუნჩხვის	k'runtschchwiß
Kreislaufstörungen	წნევის	tz'newiß
Lebensmittel-vergiftung	საჭმლით მოწამვლის	ßatsch'mlit motz'amwliß
Magenschmerzen	კუჭის ტკივილის	k'utsch'iß t'k'iwiliß
Migräne	შაკიკის	schak'ik'iß
Nasenbluten	ცხვირიდან სისხლის დენის	tzchwiridan ßißchliß deniß
Rheuma	რევმატიზმის	rewmat'ismiß
Schlaflosigkeit	უძილობის	udsilobiß
Schmerzen	ტკივილების	t'k'iwilebiß
Schwindel	თავბრუს ხვევის	tawbruß chwewiß
Sodbrennen	გულძმარვის	guldsmarwiß
Sonnenbrand	მზის დამწვრობის	msiß damtz'wrobiß
Tetanus	ტეტანუსის	t'et'anußiß
Übelkeit	გულისრევის	gulißrewiß
Verbrennung	დამწვრობის	damtz'wrobiß
Verstopfung	კუჭის შეკრულობის	k'utsch'iß schek'rulobiß

▸ Ich brauche dieses Medikament. Hier ist ein Rezept.
მე ეს წამალი მჭირდება. აი რეცეპტი.
me eß tz'amali mtsch'irdeba. ai retzep't'i.

▸ Haben Sie eine größere / kleinere Packung / Flasche?
უფრო დიდი / პატარა კოლოფი / ბოთლი ხომ არა გაქვთ?
upro didi / p'at'ara k'olopi / botli chom ara gakwt?

▸ Wie teuer ist das? Haben Sie etwas Billigeres?
რა ღირს? უფრო იაფი ხომ არა გაქვთ?
ra ghirß? upro iapi chom ara gakwt?

▸ Der Arzt hat mir dieses Medikament verschrieben.
ექიმმა ეს წამალი გამომიწერა.
ekimma eß tz'amali gamomitz'era.

▸ Wie muss ich die Tabletten / Tropfen einnehmen?
როგორ უნდა მივიღო ეს აბები / წვეთები?
rogor unda miwigho eß abebi / tz'wetebi?

▸ Nüchtern.
უზმოზე.
usmose.

▸ Morgens und abends vor dem Essen / nach dem Essen.
დილით და საღამოს ჭამის წინ / ჭამის შემდეგ.
dilit da saghamoß tsch'amiß tz'in / tsch'amiß schemdeg.

▸ Hat dieses Medikament irgendwelche Nebenwirkungen?
ამ წამალს რაიმე გვერდითი მოვლენები (უკუჩვენებე-ბი) ხომ არა აქვს?
am tz'amalß raime gwerditi mowlenebi (uk'utschwenebebi) chom ara akwß?

Ich brauche (ein/e/n) ...	მე მჭირდება ...	me mtsch'irdeba
Abführmittel	კუჭის მომქმედების საშუალება	k'utsch 'iß mokmedebiß ßa-schualeba
Antibabypillen	ჩასახვის საწი-ნააღმდეგო აბე-ბი	tschaßachwiß ßatz'inaaghmdego abebi
Augentropfen	თვალის წვეთები	twaliß tz'wetebi
Bandage	ბინტი	bint'i
Beruhigungsmittel	დამაწყნარებელი საშუალება	damatz'qnarebeli ßaschualeba
Brausetablette	ხსნადი აბები	chßnadi abebi
Deodorant	დეზოდორი	desodori
Desinfektionsmittel	სადეზინფექციო საშუალება	ßadesinpektzio ßaschualeba
Erste-Hilfe-Kasten	პირველადი სამედიცინო დახმარების ყუთი	p'irweladi ßameditzino dachmarebiß quti
Feuchttuch	ნამიანი საფენი	namiani ßapeni
Fieberthermometer	თერმომეტრი	termomet'ri
Halstabletten	ყელის აბები	qeliß abebi

Hustenbonbon	ხველებისთვის საწუწნი კამფეტი	chwelebißtwiß ßatz'utz'ni k'ampet'i
Hustensaft	ხველებისთვის წვენი	chwelebißtwiß tz'weni
Kopfschmerztabletten	თავის ტკივილის აბები	tawiß t'k'iwiliß abebi
Leukoplast	ლეიკოპლასტირი	le-ik'op'laßt'iri
Lippenpflegestift	ტუჩების ბალზამი	t'utschebiß balsami
Magentropfen	კუჭის წვეთები	k'utsch'iß tz'wetebi
Mückenspray	კოღოების სპრეი	koghoebiß ßp're-i
Mullbinde	ელასტიური ბინტი	elaßt'iuri bint'i
Nagelfeile	ფრჩხილების ქლიბი	prtschchilebiß klibi
Nasentropfen	ცხვირის წვეთები	tzchwiriß tz'wetebi
Ohrentropfen	ყურის წვეთები	quriß tz'wetebi
Pflaster	პლასტირი	p'laßt'iri
Pinzette	პინცეტი	p'intzet'i
Salbe gegen ...	... მალამო	... malamo
Entzündung	ანთების საწინააღმდეგო	antebiß ßatz'inaaghmdego
Juckreiz	ქავილის საწინააღმდეგო	kawiliß ßatz'inaaghmdego
Mückenstiche	კოღოს ნაკბენის საწინააღმდეგო	k'oghoß nak'beniß ßatz'inaaghmdego
Sonnenbrand	მზის დამწვრობის	msiß damtz'wrobiß
Schmerzmittel	ტკივილის გამაყუჩებელი	t'k'iwiliß gamaqutschebeli
Sonnenschutzmittel	მზის დამცავი	msiß damtzawi
Spray	აეროზოლი	a-erosoli
Spritze	შპრიცი	schp'ritzi
Tampon	ტამპონი	t'amp'oni
Tropfen	წვეთები	tz'wetebi
Verband	ბინტი	bint'i
Verbandschere	ბინტის მაკრატელი	bint'iß mak'rat'eli
Verbandszeug	სახვევი	ßachwewi
Vitamintabletten	ვიტამინები	wit'aminebi
Watte	ბამბა	bamba
Zäpfchen	სანთლები	ßantlebi

▸ *G:* Ohne Rezept kann ich Ihnen dieses Medikament nicht geben.
რეცეპტის გარეშე ამ წამალს ვერ მოგცემთ.
retzept'iß garesche am tz'amalß wer mogtzemt.

▸ Haben Sie eine Tüte?
პარკი ხომ არ(ა) გაქვთ?
p'ark'i chom ar(a) gakwt?

Beim Zahnarzt

▸ Ich habe hier Schmerzen. / Dieser Zahn tut weh.
აი აქ მტკივა / ეს კბილი მტკივა.
ai ak mt'k'iwa / eß k'bili mt'k'iwa.

▸ Hier tut es weh, wenn ich etwas Heißes (Kaltes, Süßes) esse.
აქ მტკივა, როცა რამე ცხელს (ცივს, ტკბილს) ვჭამ.
ak mt'k'iwa, rotza rame tzchelß (tziwß, t'k'bilß) wtsch'am.

▸ Mir ist hier eine Plombe / Füllung herausgebrochen.
მე აქ პლომბი ამომვარდა.
me ak p'lombi amomwarda.

▸ *G:* Bitte den Mund weit öffnen.
თუ შეიძლება, დიდი პირი გააღეთ.
Tu sche-idsleba, didi p'iri gaaghet.

▸ *G:* Sie haben eine Zahnfleischentzündung.
თქვენ ღრძილების ანთება გაქვთ.
tkwen ghrdsilebiß anteba gakwt.

▸ *G:* Ich gebe Ihnen ein Medikament / eine Salbe mit.
მე ერთ წამალს / მალამოს მოგცემთ.
me ert tz'amalß / malamoß mogtzemt.

▸ *G:* Sie haben ein Loch im Zahn. Ich muss eine Füllung machen.
ეს კბილი ჭიანია. უნდა დაგიპლომბოთ.
eß k'bili tsch'iania. unda dagip'lombot.

▸ *G:* Ich muss Ihnen den Zahn ziehen.
ეს კბილი ამოსაღებია. უნდა ამოგიღოთ.
eß k'bili amoßaghebia, unda amogighot.

▸ Ich möchte eine örtliche Betäubung.
ადგილობრივად გამიყუჩეთ, თუ შეიძლება.
adgilobriwad gamiqutschet, tu sche-idsleba.

▸ *G:* Ich gebe Ihnen eine Spritze.
ნემსს გაგიკეთებთ.
nemßß gagik'etebt.

▸ *G:* Bitte spülen Sie den Mund aus.
პირი გამოივლეთ.
p'iri gamoiwlet.

▸ *G:* Den Mund nicht zumachen.
პირი არ დახუროთ.
p'iri ar dachurot.

▸ *G:* Bitte eine Stunde lang nichts essen und trinken.
ერთი საათის განმავლობაში არაფერი არ ჭამოთ და არ დალიოთ.
erti ßaatiß ganmawlobaschi araperi ar tsch'amot da ar daliot.

Wortliste: Zahnarzt

Backenzahn	საღეჭი კბილი	ßaghetsch'i k'bili
oberer Backenzahn	ზედა საღეჭი კბილი	seda ßaghetsch'i k'bili
unterer Backenzahn	ქვედა საღეჭი კბილი	kweda ßaghetsch'i k'bili
Betäubung	გაყუჩება	gaqutscheba
örtliche Betäubung	ადგილობრივი ანესტეზია	adgilobriwi aneßt'esia
Brücke	ხიდი	chidi
Entzündung	ანთება	anteba
Füllung	პლომბი	p'lombi
Gebiss	კბილები	k'bilebi
Goldfüllung	ოქროს პლომბი	okroß p'lombi
Goldkrone	ოქროს გვირგვინი	okroß gwirgwini
Implantat	იმპლანტატი	imp'lant'at'i
Karies	კარიესი	k'arießi

Kiefer	ყბა	qba
Oberkiefer	ზედა ყბა	seda qba
Unterkiefer	ქვედა ყბა	kweda qba
Krone	გვირგვინი	gwirgwini
Mundspülung	პირის გამოვლება	p'iriß gamowleba
Nerv	ნერვი	nerwi
Parodontose	პაროდონტოზი	p'arodont'osi
Porzellankrone	ფაიფურის გვირგვინი	paipuriß gwirgwini
Prothese	პროთეზი	p'rotesi
Provisorium	პროვიზორიუმი	p'rowisoriumi
Röntgen	რენტგენი	rent'geni
Spritze	შპრიცი / ნემსი	schp'ritzi / nemßi
Wurzel	ფესვი	peßwi
Wurzelentzündung	ფესვის ანთება	peßwiß anteba
Wurzelfüllung	ფესვის დაპლომბვა	peßwiß dap'lombwa
Zahn; Zähne	კბილი; კბილები	k'bili; k'bilebi
Backenzahn	საღეჭი კბილი	ßaghetsch'i k'bili
Eckzahn	ეშვი	eschwi
Schneidezahn	საკბეჩი / წინა კბილი	ßak'betschi / tz'ina k'bili
Weisheitszahn	სიბრძნის კბილი	ßibrdsniß k'bili
Zahnarzt	კბილის ექიმი	k'biliß ekimi
Zahnarztstuhl	კბილის ექიმის სავარძელი	k'biliß ekimiß ßawardseli
Zahnfleisch	ღრძილები	ghrdsilebi
Zahnfleischentzündung	ღრძილების ანთება	ghrdsilebiß anteba
Zahnreinigung	კბილების გაწმენდა	k'bilebiß gatz'menda
Zahnschmerzen	კბილის ტკივილი	k'biliß t'k'iwili
Zahnseide	კბილის ძაფი	k'biliß dsapi
Zahnspange	კბილის სამაგრი	k'biliß ßamagri
Zahnwurzel	კბილის ფესვი	k'biliß peßwi

Lesetipps – Reiseführer und Bücher zur georgischen Sprache

Georgien-Reiseführer und -Karten

Deutsch

Kriegenherdt, Marlies: *Georgien. Reiseführer.* Reise Know-How Verlag [5]2017.

Rump, Peter (Hrsg.): *Landkarte Georgien / Georgia (1:350.000).* Reise Know-How Verlag [7]2020.

Hälbig, Ralf: *CityTrip Tiflis / Tbilisi.* Reise Know-How Verlag 2021.

Kvastiani, Giorgi; Spolanski, Vadim; Sternfeldt, Andreas: *Reiseführer Georgien. Unterwegs zwischen Kaukasus und Schwarzem Meer.* Trescher Verlag [10]2018.

Kramm, Nina: Stefan *Loose Reiseführer Georgien. Mit Reiseatlas.* Dumont Reiseverlag; Loose 2019.

Fähnrich, Heinz: *Kulturland Georgien. Kurzführer für Touristen.* Reichert Verlag 2007.

Englisch

Jones, Alex; Masters, Tom; Maxwell, Virginia; Noble, John: *Georgia, Armenia & Azerbaijan.* Lonely Planet Publications 2016.

Literatur zur georgischen Sprache (Lehr- und Wörterbücher)

Abuladze, Lia; Löffler, Jonas (Hg.): *Georgisches Lesebuch.* Hamburg, Helmut Buske Verlag, 2018.

Abuladze, Lia; Ludden, Andreas: *Lehrbuch der georgischen Sprache.* Hamburg, Helmut Buske Verlag [3]2018.

Abuladze, Lia; Ludden, Andreas: *Grundwortschatz Georgisch.* Hamburg, Helmut Buske Verlag 2011.

Bokhashvili, Marine: *Einführung in die georgische Schrift.* Hamburg, Helmut Buske Verlag 2007.

Jelden, Michael: *Wörterbuch Deutsch-Georgisch / Georgisch-Deutsch.* Hamburg, Helmut Buske Verlag ²2016.

Tschenkeli, Kita; Marchev, Yolanda: *Georgisch-Deutsches Wörterbuch.* Zürich (Schweiz), Amirani-Verlag ²2017.

Tschenkeli, Kita: *Einführung in die georgische Sprache. Bd. 1: Theoretischer Teil, Bd. 2: Praktischer Teil.* Zürich (Schweiz), Amirani Verlag 1958.Marchev, Yolanda: *Deutsch-Georgisches Wörterbuch.* Freudenstadt, Kaukasus-Verlag 1999.

Bakradse, Lascha: *Georgisch – Wort für Wort. Kauderwelsch-Sprachführer.* Reise Know-How Verlag ⁷2018.

Abbildungsnachweis

Fotos:

Eka Abuladze: S. 117, 151

Kacha Chimschiaschwili *(Kakha Khimshiashvili)*: Umschlagabbildung, S. 13, 61, 63, 66, 71, 73, 106, 107, 111, 113, 114, 115, 120, 127, 149, 154 (2), 157 (2), 158, 160, 161, 162, 166, 172

Marion Süß: S. 12, 62, 85, 87, 88, 98, 111, 119, 129, 131, 135, 152, 152, 153, 163, 164, 167, 168 (2)

Tamara Tchelidze: S. 59, 108, 109, 110, 112

Rafael Tchinwaleli: S. 55, 58, 97, 99

Nina Sophie Tsagareli: S. 56 (2)

Karten:

S. 18: Don-kun, Jeroencommons, User:Pmx (https://commons.wikimedia.org/wiki/File:Caucasus-political_de.svg), „Caucasus-political de“, https://creativecommons.org/licenses/by-sa/3.0/legalcode

S. 19: I, Pmx (https://commons.wikimedia.org/wiki/File:Caucasus-ethnic_de.svg), „Caucasus-ethnic de“, https://creativecommons.org/licenses/by-sa/3.0/legalcode

S. 21: ArnoldPlaton, based on File:Early Georgian States Colchis And Iberia.svg and this map (https://commons.wikimedia.org/wiki/File:Kartvelian_languages.svg), „Kartvelian languages“, https://creativecommons.org/licenses/by-sa/3.0/legalcode

S. 148: Peter Fitzgerald, :commons:User:Pmx, UNCS (https://commons.wikimedia.org/wiki/File:Georgia_regions_map2.svg), https://creativecommons.org/licenses/by-sa/4.0/legalcode

Georgisch
Lia Abuladze, Jonas Löffler (Hrsg.)
Georgisches Lesebuch
BUSKE
Georgisch Lesebuch